2019年度江苏省社科基金重点项目（项目批准号：19TYA002）

2021年度国家社科基金项目（项目批准号：21BTY049）

徐州工程学院学术著作资助出版

非遗保护视角下民族传统体育文化的传承与发展研究

张　丰／著

吉林大学出版社

·长春·

图书在版编目(CIP)数据

非遗保护视角下民族传统体育文化的传承与发展研究/
张丰著. —长春：吉林大学出版社，2021.10
　　ISBN 978-7-5692-9603-7

　　Ⅰ.①非…　Ⅱ.①张…　Ⅲ.①民族形式体育—体育文
化—研究—中国　Ⅳ.①G852.9

　　中国版本图书馆 CIP 数据核字(2021)第 240209 号

书　　　名　非遗保护视角下民族传统体育文化的传承与发展研究
　　　　　　FEIYI BAOHU SHIJIAO XIA MINZU CHUANTONG TIYU WENHUA
　　　　　　DE CHUANCHENG YU FAZHAN YANJIU

作　者　张丰著
策划编辑　代红梅
责任编辑　杨　平
责任校对　王　洋
装帧设计　马静静
出版发行　吉林大学出版社
社　　址　长春市人民大街 4059 号
邮政编码　130021
发行电话　0431—89580028/29/21
网　　址　http://www.jlup.com.cn
电子邮箱　jldxcbs@sina.com
印　　刷　北京亚吉飞数码科技有限公司
开　　本　710mm×1000mm　1/16
印　　张　13
字　　数　206 千字
版　　次　2022 年 4 月　第 1 版
印　　次　2022 年 4 月　第 1 次
书　　号　ISBN 978-7-5692-9603-7
定　　价　72.00 元

前　言

中华民族"非物质文化遗产"是中华民族文化遗存中最精彩、最生动的组成部分,它植根于民间,发展于乡土,深受广大群众的喜爱。传承和保护好非物质文化遗产,对落实科学发展观,固守民族个性文化,传承和弘扬优秀传统文化,彰显文化软实力和建设文化强国具有重要意义。中华民族传统体育非物质文化遗产是祖先在漫长的历史中创造和积淀下来的优秀传统文化,也是我国文化软实力的体现,它与各民族的社会特征、经济生活、风俗习惯、历史文化息息相关,是一种"活态人文遗产",具有活态性、地域性、民族性、群体性等特征。随着社会转型进程和文化全球化进程的加快,古老而质朴的民族传统体育文化面临逐渐萎缩甚至消失的危险,亟待重新审视和保护。在非遗保护视角下和现代社会背景下探索民族传统体育文化传承与发展的科学路径势在必行。基于此,作者在查阅大量相关著作文献的基础上,精心撰写了本书。

本书共有八章。第一章绪论简单概括本书的选题依据及意义,研究的现状、内容与方法。第二章阐述非物质文化遗产的基本知识及非物质文化遗产保护的基本理论,以形成对"非遗"及"非遗保护"的基本认识。第三章分析民族传统体育文化与民族传统体育非物质文化遗产的基本理论知识。民族传统体育文化是本书的研究对象,只有先对其有深入理解,才能进一步探讨如何传承与保护。第四章至第七章分别在非遗保护视角下探讨民族传统体育文化的传承、保护、多元化发展以及科学开发,主要在分析传承现状、构建理论的基础上重点提出科学而有效的传承策略、保护方法、发展路径以及开发模式,从而为促进民族传统体育非物质文化遗产的传承与发展指明方向。第八章在非遗保护视角下对民族传统体育文化的传承与发展进行实证研究,涉及的典型项目有传统武术、舞龙与舞狮、毽球与木球以及秋千与风筝。对这些民族传统体育典型项目的传承与发展进行研究,不仅有利于保护好这些非物质文化遗产,而且对其他项目的传承与发展具有借鉴意义。

总体而言,本书具有以下几个特征。

第一,时代性。在全球化时代,西方文化涌入我国,冲击着民族传统文化的发展。面对这一现状,我国要特别重视对民族传统文化的保护,尤其要重点保护民族传统文化的非物质文化遗产。2021 年 8 月,中共中央办公厅、国务院办公厅印发了《关于进一步加强非物质文化遗产保护工作的意见》,并发出通知,要求各地区各部门结合实际认真贯彻落实。这体现了国家对非遗保护的高度重视及政府在政策及实践层面所做出的规范和指导。在这一背景下对我国民族传统体育非物质文化遗产的传承与发展进行研究,是对政府号召的积极响应,对政府执行政策的有效配合,对保护与传承中华民族传统文化具有重要的时代意义。

第二,系统性。本书在概括选题基本情况的基础上展开具体研究,首先阐述非物质文化遗产及其保护、民族传统体育文化与民族传统体育非物质文化遗产的基本知识与基础理论;其次在非遗保护视角下重点研究民族传统体育文化的传承、保护、发展及开发。最后对民族传统体育典型项目的传承与发展进行实证研究。本书结构严谨,逻辑清晰,具体突出了系统性。

第三,创新性。本书在非遗视角下研究民族传统体育的保护、传承及发展,在保护方面对先进的数字化保护手段进行了科学研究,并结合现代社会背景提出了民族传统体育文化的多元化发展策略,进一步完善了民族传统体育非物质文化遗产的传承与发展机制,反映了本书的先进性与创新性。

总之,本书主要基于非遗保护视角而对民族传统体育文化的传承与发展展开研究,提出了在现代社会背景下推动民族传统体育非物质文化遗产传承、保护、开发及发展的建议与策略,并结合具体项目进行了实证分析。希望本书能够为推动中华民族传统体育文化的传承与可持续发展做出贡献。

本书在撰写过程中参考并借鉴了很多专家、学者的研究成果,在此表示诚挚的感谢。由于作者水平有限,书中难免有不妥与疏漏之处,敬请广大读者批评指正。

作　者
2021 年 9 月

目　录

第一章 绪 论

民族传统体育文化是中华民族传统文化的一个重要组成部分,具有重要的价值与多元的功能。近年来我国民族传统体育文化受到严重冲击,逐渐流失,甚至有些民族体育项目完全消失不见,被人们遗忘。有的民族传统体育项目尽管被列为国家级或地方级非物质文化遗产,但依然没能受到重点保护,艰难生存,传承受阻,发展不利。面对这一现象,我们必须从非遗保护的角度出发而深入分析我国民族传统体育文化传承与发展的困境,从保护、开发等角度切入而帮助民族传统体育文化走出困境,呼吁全民共同保护和主动传承民族传统体育文化,使中华民族传统体育文化实现可持续发展,在世界舞台上大放异彩。本书立足于非遗保护视角而探讨民族传统体育文化的传承与发展,从现状出发而提出科学有效的传承、保护、开发及发展的路径,对扭转我国民族传统体育文化的发展局面具有重要意义。

第一节 选题依据及意义

一、选题依据

在全球化时代,文化全球化进程加快,西方文化涌入我国以及我国城镇化的进程影响了民族传统文化的发展空间,导致大量优秀文化从人们的视野中消失,我们既要追求文化发展的多样化,提倡理解与包容文化差异,提高文化认同感,但也要重视对民族传统文化的保护,尤其要重点保护民族传统文化非物质文化遗产,非遗保护在世界各国都受到了极大的重视。随着全球对非物质文化遗产及其保护关注度的提升,国内外学术界的许多学者也将此作为一个热点而进行多角度、全方位的大量且深入的研究,研究成果不断涌现,其中不乏一些价值很高的成果。关于非物质文化遗产的研究热潮将继续存在,并将持续深入。国内外学者对非物质文化遗产的研究主要集中在几个方面,分别是非物质文化遗产的概念与分类的研究、非物质文化遗产保护与传承的研究、非物质文化遗产开发利用的研究、非物质文化遗产相关法律、政策及传承人的研究,等等。在研究过程中运用了多学科的理论知识,如人类学、民族学、民俗学、社会学等,采用了多种研究方法,如实地考察、文献资料、个案分析、访谈等,最终呈现出大量的研究成果,促进了非物质文化遗产理论体系的完善,并为国家及各地的非遗保护与传承提供了科学指导。

我国是多民族国家,发展历史悠久,在漫长的历史中人类创造了丰富而灿烂的优秀传统文化,文化传承的历史已有五千年,其中民族传统体育文化作为传统文化的重要组成部分而传承至今,彰显出顽强的生命力。如今,在全球化、一体化的世界大背景下,西方竞技体育在世界体坛占据强势的主导地位,而中华民族传统体育并没有足够的生存空间,部分传统体育项目已经消失或濒临消失。面对这个严峻的问题,我们不能视而不见,而应该在继续发展经济的同时也重视文化的发展,依托强大的经济基础而唤醒民众的民族传统文化保护意识,提高人们传承与保护民族传统体育文化的意识。在文化全球化、非遗保护等视阈下探讨民族传统体育文化的传承与发展问题十分重要且必要。

丰富而灿烂的中华民族传统体育文化本身就充满魅力,被列为非物质文化遗产的民族传统体育项目更是璀璨夺目。这些项目承载着优秀的民族传统文化,在传承与发展中将独特的文化特质和精髓保留下来,弥足珍贵。但在当前的"非遗热"中,各地申报非物质文化遗产和开发民族传统体育的热情远远超过了对民族传统体育非物质文化遗产的保护与传承的热情,而且在申报与开发利用的过程中忽视了民族传统体育的文化内涵、精神内核,导致民族传统体育的文化特质逐渐淡化。当前,对民族传统体育非物质文化遗产的保护与传承已成为全国各地尤其是民族传统体育资源丰富的地区面临的重要问题,如何利用"非遗热"而大力传承民族传统体育文化,有效保护人类创造的优秀文化成果,使民族传统体育文化的影响力不断扩大,继续发挥其重要价值,以其独有的文化内涵和精神财富而"孕育"一代又一代的中华儿女,这个问题引发了学者、非遗保护者及有关部门的思考。

二、选题意义

(一)理论意义

民族传统体育非物质文化遗产是非物质文化遗产中的重要组成部分之一,中华民族的优良传统和丰富的文化内涵能够从民族传统体育非物质文化遗产中充分体现出来。但随着时代的变迁与社会的演进,民族传统体育非物质文化遗产也面临着流失的危险,这不仅与文化全球化背景下西方竞技体育文化的冲击有关,而且也与我国经济高度发展和文化发展滞后之间的冲突有关,国内与国外的影响导致一部分非物质文化遗产遭到破坏或消失不见。而且民族传统体育非物质文化遗产本身的非物质性也增加了传承与保护的困难。因此,从非遗保护视角对民族传统体育文化的传承、保护及发展进行研究对推动民族传统体育文化的持续发展具有重要的理论指导意义。

(二)现实意义

在文化全球化的当下,世界各国文化、各民族文化相互交流、互动、吸收与借鉴,呈现出文化一体化与深度融合的趋势。但同时不可避免地导致一些国家或民族的文化在文化交融中占据主导地位,而一些文化则处于被动和劣势地位。我国一些民族传统体育项目就受此影响而陷入生存困境,再加上传承乏力,缺乏保护,则可能出现流逝的后果。而借鉴非遗传承与发展的成功经验而指导对中华民族传统体育文化的传承保护、开发利用,则对保持民族传统体育非物质文化遗产的独特性、传承民族传统体育文化及推动民族传统体育文化的健康发展具有重要的现实意义。

第二节　研究综述

一、国外研究综述

(一)非物质文化遗产研究

关于非物质文化遗产的研究,国外的研究历史远远比我国悠久,追溯源头,国外从一百余年前就有了这方面的研究。但国内外学术界真正迎来非遗研究热潮的时间是相近的,基本都是在 2003 年之后,主要原因是这一年 10 月在联合国教科文组织第 32 届大会上通过了旨在保护非物质文化遗产(主要代表有传统、节庆礼仪、口头表述、舞蹈、音乐、手工技能等)的重要文件——《保护非物质文化遗产公约》,其正式生效是在 2006 年 4 月,生效后学术界在这方面的研究如火如荼。

下面主要分析国外对非物质文化遗产概念及保护的相关研究。

1. 关于非遗概念的研究

国外学者关于非物质文化遗产概念界定的大量研究中,具有代表性的成果如下。

在全球颁布的一些宪章中,有关于遗产的定义和范围,Yahaya Ahmad 对这些重点进行了介绍,并从各国的经验基础出发而对有形遗产、无形遗产的概念、范围做了介绍,然后结合有形遗产和无形遗产对非物质文化遗产的定义及其演变进行挖掘与探讨。

Tom G. Svensson 在研究非物质文化的过程中,对知识与器物之间的联系做了深入分析,提出有形遗产和非物质文化遗产都是知识体系的重要组成部分,然后将非遗的概念提了出来。

Rex Nettleford 对非遗概念的变迁做了分析,并提出在非遗概念的演变及非遗的传播中存在的一些主要问题。

Hyung Yu Park 指出,非遗是民族共同的财产,是该民族人民的有形记忆。① 非遗是既中立又安全的一个领域,它可以对国家政治冲突与争论予以调节。

Miguel Vidal González 对非遗的起源、历史演进及结构要素进行了研究,指出非遗概念的提出与变迁是人类文明进步的象征,非遗从起源到发展至今,已然成为历史发展中的胜利者②。

联合国教科文组织颁布的《保护非物质文化遗产公约》这样界定非物质文化遗产的概念:"非物质文化遗产是指被各社区、群体、有时为个人,视为其文化 遗产组成部分的各种社会实践、观念表述、表现形式、知识、技能以及相关的工具、实物、手工艺品和文化场所。"③

2. 关于非遗保护的研究

下面简单分析日本、韩国、美国和英国四个国家对非物质文化遗产保护的相关研究。

在非物质文化遗产传承与保护研究方面,日本研究的时间非常早。早在 20 世纪 50 年代初,日本政府颁布的《文化财保护法》中就将"无形财产"的概念提了出来,并第一次提出对非遗传承人进行法律保护。这项法律生效后,日本的"人间国宝计划"正式实施,政府着手选拔非遗传承人,并给予极大的经济支持,用丰厚的待遇来吸引传承人,并为传承人顺利开展工作提供资金保障,从而有效提升了非遗传承与保护效果。④

韩国也很重视保护非物质文化遗产,但不仅仅是单纯保护非物质文化遗产,而是将其与其他产业结合起来,充分发挥非遗本身的当代价值,从而在融合发展中对其进行保护。在保护工作中,政府大力宣传非遗相关知识,吸引产业合作,在非遗和商业之间建立联系的纽带与合作的平台,发挥非遗的经济价值,并促进国家经济发展。此外,非遗本身的观赏价值为其与旅游产业的结合提供了良好的条件,对非遗特色旅游产品进行开发与营销,吸引消费群体,可以很好地促进非遗的传承与发展。

美国对非遗理论建构的研究时间较早,经过多年的研究而成立了一

① 王辉. 非物质文化遗产与涉外旅游融合的研究综述[J]. 明日风尚,2016(23):317.

② Miguel Vidal. Gonzalez. Intangible heritage tourism and identity[J]. Tourism Management,2007(7):1-4.

③ 文化部对外文化联络局. 联合国教科文组织保护非物质文化遗产公约基础文件汇编[M]. 北京:外文出版社,2012.

④ 侍倩倩. 江苏省体育"非遗"保护与传承研究[D]. 南京体育学院,2019.

些重要的组织机构,如国家艺术赞助基金会、美国民俗中心、史密森尼民俗和文化遗产中心等。美国在非遗保护方面充分发挥了高校的作用,高校引进非遗项目,开设相关课程,以更好地传承与保护非遗。美国加州伯克利大学的高级研究员 Alexis Celeste Bunten 论述了非遗的保护方式,分析了应该分享非物质文化遗产还是将其放到商业领域去营销。

英国在非物质文化遗产传承与保护方面所采取的方式和美国相似,也是依托学校教育来传承,组织学生对非遗博物馆进行参观,拉近学生与非遗的距离,使其对非遗的内涵有深入的理解,从而激发其传承和保护的意识与积极性。英国高校也引进非遗项目,开设相关课程,对传承人进行培养,使非遗的保护与传承进入良性循环模式。

(二)民族传统体育文化传承与保护研究

国外在现代化与民族文化传承与保护的相关研究中,大部分以很小的事件或很小的社会现象为研究对象,然后从这一社会现象中探索事物的发展规律。比较有代表性的研究者是德国学者 LAMARTIN 教授,他采用数理统计和问卷调查的方式调查世界各地的民族传统体育游戏,然后分析了目前传统体育游戏的发展状况、发展水平,制作了体育全球化进程中传统体育游戏的发展趋势图。LAMARTIN 教授的研究表明,传统体育活动数量减少和范围缩小的速度在逐渐减缓并有稳定趋向;以竞技体育为主流的西方体育虽然依然制约与阻碍传统体育游戏发展,但欧洲一些国家的传统体育和新生民间游戏已开始向竞技体育发起了挑战。

另外还有下列一些具有代表性的研究。

(1)Anan Bird and Miehael J. Stevens 的"Toward an emergent global culture and the effects of globalization on obsolescing national cultures"。

(2)Brian Stoddart 的"Orientalism,Golf and the Modern Age:Joe Kirkwood in Asia"。

(3)Lily Kong 的"Globalisation and Singaporean transmigration: re-imagining and negotiating national identity"。

(4)Melvin L. Adelman 的"Premature Modernization and the Failure of Cricket in Ainerica:The New York Experience"等。

上面这些研究都从个案出发进行的实证研究,运用田野工作法或抽样调查法从不同角度阐述文化全球化对民族文化的影响,指出各民族应从自身需要出发,在适应文化全球化发展的基础上,争取使本民族文化适应新时代需要。①

总体上,国外关于非物质文化遗产的研究是比较深入的,具有一定的层次性,许多国家在非遗保护的研究中提出了一些重要措施,政府也出台了相应的政策与法律来加大保护力度,取得了良好的保护成效。但国外关于体育非遗、民族传统体育非遗以及非遗视角下传统体育文化传承与发展的研究较少,尚未形成系统的理论体系,有待进一步研究。国外对非遗保护的研究成果及实践经验值得我们学习与借鉴,我国应立足国情,学习国外成功经验,从而推动我国体育非遗、民族传统体育非遗的传承与发展。

二、国内研究综述

(一)非物质文化遗产研究

1. 非遗概念的研究

刘壮在《非物质文化遗产概念的比较与解读》中指出,非物质文化遗产是一个外来概念,在我国研究中需要在很多方面进行语境对接。关于"非物质文化遗产"概念的来源在很多文献中都能发现,向云驹利用相关资料,细数了从民间文学、民间创作、民间文化到非物质文化遗产概念的多次改进。吕建昌在《非物质文化遗产概念的国际认同》中指出非物质文化遗产概念是文化遗产概念向非物质层面的扩展。他从社会背景出发进行分析,指出非遗概念的出现与全球关注传统文化有关。全球关注非物质文化遗产催生了"宣布人类口头和非物质遗产"项目的诞生,该项目广泛传播了非物质文化遗产的概念。②

2. 非遗保护的研究

我国对非物质文化遗产的保护不容乐观,尽管我国有丰富的非遗项

---

① 郑国华. 社会转型与我国民族传统体育文化传承[D]. 北京体育大学,2007.
② 米永忠. 非物质文化遗产视野下民族传统体育文化研究[D]. 西南大学,2009.

目,但由于保护不力而导致一些项目流失严重。我国学者对这一现状进行了研究,并提出了一些建议与策略。

白晋湘对 2020 年到 21 世纪中叶我国体育非物质文化遗产保护的新使命进行分析,提出形成中国特色社会主义新时代体育非物质文化遗产的治理体系,实现政府与民众参与主体的治理能力现代化;体育非物质文化遗产将成为富强、民主、文明、和谐、美丽的社会主义现代化强国的标志之一。①

何星亮对全球化背景下非遗保护措施进行了研究,提出应大力宣传非遗相关知识,培养与提高社会大众自觉保护非遗的意识;在非遗保护中要制订好规划,有序保护;政府出台相关法律和政策,加大法律保护力度;成立专门的保护机构,由专业人员负责相关事宜,提高保护的专业性和保护效率;社会与政府共同致力于对非遗的保护,并以政府为主导,社会各界积极参与和主动配合。②

乔晓光指出,不管是政府,还是普通大众,都缺乏对非遗的深入认识与理解,在保护方面也存在很多问题,如投入资源少、抢救资金缺乏、法律措施缺失、缺乏生态传承意识、传承机制运行不通畅、民俗流变现象严重等。此外,政府相关部门也没有准确评估非遗的整体价值,对非遗的原生态文化价值缺乏深入的认识,导致在传承与保护方面缺少规划,盲目而无头绪。③

刘满佳研究提出,通过制定评审标准并经过科学认定,建立国家级和省、市、县级非遗代表作名录体系,制订长远规划,分步实施,不能急于求成,以保证名录体系的科学性、系统性、规范性、权威性,同时要注意申报国家级非遗的整体性。④

刘坚在关于非遗保护的研究中介绍了非遗的界限确认、等级划分原则及申报流程,同时指出国家级非遗项目的认定范围包括三个方面:一是原本广泛流传后为仅存的带有活化石性质的项目;二是现虽仍广泛流传但在同类中水平最高最具代表性的项目;三是在某个或某几个民族区域有广泛影响同时达到国内一流水平的项目等,这些都可

---

① 白晋湘. 非物质文化遗产与我国传统体育文化保护[J]. 体育科学,2008,28(1):5.
② 何星亮. 非物质文化遗产的保护与民族文化现代化[J]. 中南民族大学学报(人文社会科学版),2005(03):31-36.
③ 乔晓光. 持有与实践:非遗传人的文化使命[J]. 世界遗产,2016(01):25.
④ 刘满佳. 对申报国家级非物质文化遗产代表作的思考[J]. 中国民族,2006(1):2.

以进入国家级名录。①

陈孟昕等人研究指出，在非遗保护与传承中应充分发挥高校的作用，高校拥有丰富的文化资源和教育资源，应主动承担传承与保护的责任，并培养优秀的专业人才而致力于对非遗的保护与传承。②

翁敏华同样强调高校在非遗研究和保护方面有义不容辞的责任，应在高校开展非遗教育，加强对非遗的科学研究，培养优秀的专业人才，并尽快投入对濒危项目的抢救工作中，这是高校的光荣使命和历史重任。③

普丽春指出，在民族非物质文化遗产的传承中，要充分利用教育传承的方式，教育传承也是民族非遗保护的最佳方式，以教育形式进行传承与保护是适应现代社会非物质文化遗产发展的新要求。④

以上关于非遗保护的研究为我国科学而有效地开展非遗保护工作提供了有效的指导与可行的建议。

(二)体育非物质文化遗产研究

1. 体育非遗概念的研究

2006 年，我国首次公布了国家级非物质文化遗产名录，其中包括体育类非遗项目，这是我国非遗官方文件中首次出现体育类非遗项目，这推动了学者对体育非遗的研究。关于体育非遗概念的研究，代表性成果如下。

李凤梅、黄聪从逻辑角度，根据体育与非遗的内涵来分析体育非遗的概念，黄聪提出将中国文化的元素加在中国体育非遗的概念上，以突出其独特的文化特色。⑤

王厚雷认为，体育非遗是指那些被各群体或个人视为其文化财富重

---

① 刘坚. 云南省少数民族传统体育非物质文化遗产保护与传承研究[D]. 北京体育大学,2012.

② 陈孟昕,张昕. 中国高等院校首届非物质文化遗产教育教学研讨会综述[J]. 湖北美术学院学报,2003(04):61-62.

③ 翁敏华. 非物质文化遗产:一个民族记忆的背影. 中国社会导刊[J](2005):26-28.

④ 普丽春,袁飞. 少数民族非物质文化遗产教育传承的主体及其作用[J]. 民族教育研究,2012,23(1).

⑤ 黄聪,李妙. 我国民族体育文化遗产申遗研究[J]. 体育文化导刊,2014(01):188-191.

要组成的部分,体育非遗的内涵不固定,对它的认识与研究应该是动态的,应不断赋予其新的内涵。①

白晋湘指出,体育非遗是以运动项目为主体、以身体活动为载体的一种"活态文化"。②

林伟贤指出,从文化表现形势来看,体育非遗包括与体育项目关联的运动形式、表演艺术、传统知识和技能、器具、实物、手工制品等;从文化空间来看,包括与其关联的兼具空间性和时间性的场所,以及与生产方式、生活方式、民间习惯、宗教伦理、社会心理、文化认同等有关的场景。③

2. 体育非遗价值的研究

体育非遗是非遗的重要组成部分之一,体育非遗的运动属性是独特的,人们参与体育运动,并逐渐认识与接受体育非遗的运动属性,体会体育非遗的价值。关于体育非遗价值的研究,代表性观点如下。

董鹏指出,体育非遗项目不但可以进入奥运会,传播奥林匹克文化,还具有重要的健身价值、社会价值(自我发展、增进民族团结)、传承价值。④

杨志强等人对体育非遗资源与体育旅游产业之间的关系进行分析与研究,对体育非遗资源的独特性和经济价值进行挖掘,并寻求体育非遗与旅游相结合的新型体育旅游发展模式,实现体育非遗与旅游的协同发展,促进经济增长。⑤

李成银指出,武术非物质文化遗产在推动民族文化包容与认同、维护民族团结与安定以及提升社会凝聚力等方面发挥着举足轻重的作用。⑥

---

① 王厚雷,王竹影. 体育非物质文化遗产研究综述与展望[J]. 首都体育学院学报,2017,29(02):132-136.

② 白晋湘,万义,龙佩林. 中国特色社会主义新时代体育非物质文化遗产保护论纲[J]. 上海体育学院学报,2018,42(01):33-40.

③ 林伟贤,孙虹,李壮,周进国. 体育非物质文化遗产传承与发展研究——以南枝拳为例[J]. 广州体育学院学报,2018,38(03):40-44.

④ 董鹏,程传银,赵富学,尚力沛. 体育新乡贤:概念厘定、时代价值与发展路径[J]. 武汉体育学院学报,2018,52(09):32-38.

⑤ 杨志强,孙德朝. 民族体育非物质文化对旅游发展的影响及其路径选择——以四川甘孜、阿坝、凉山为例[J]. 西南民族大学学报(人文社会科学版),2012,33(11):138-141.

⑥ 李成银. 论传统武术发展的四个关键[J]. 搏击(武术科学),2011,8(07):1-2+16.

总的来说,我国关于体育非遗研究的成果越来越多,研究水平也不断提升,总体上呈现出良好趋势。但学者对体育非遗价值的研究还不够系统,完整的理论研究体系尚未形成,主要存在以下问题。

第一,研究不够完整,没有从多种角度、多层面出发,并根据不同需求而展开研究。

第二,缺乏对体育非遗价值多样性与关联性的研究,在研究中应从主体、客体两方面着手,不能局限于对体育非遗本身,要对其背后的价值进行深入挖掘,并分析其与其他内容结合后所带来的价值。只有深层次挖掘体育非遗的价值,才能更好地予以传承和保护。

3. 体育非遗保护的研究

白晋湘(2019)提出民族传统体育文化是我国体育强国战略顺利实施的重要推动力,并能在全民健身、乡村振兴等经济社会发展中产生重要作用,在环境变迁、文化认同淡化等困境面前,需要全面重视和创新。[①]

崔乐泉(2018)从民族传统体育学科体系建构的角度论述传承与发展问题。[②]

万义等(2016)认为体育非遗保护需摒弃"原生态体育"的保守理念,厘清保护对象与保护边界,树立可持续发展的生态观,注重各生态系统间的动态平衡。[③]

张春燕(2011)从法律保护的角度分析了民族体育非遗保护现状、存在问题,指出了"原生态"地保护体育非遗的局限性。[④]

陈小蓉(2017)在挖掘整理中国体育非物质文化遗产基础上,建立了数据库,形成了电子和文档的资源,推动了体育非遗的保护和传承。[⑤]

魏婷等用"点轴系统"理论梳理体育非遗,然后综合考虑项目数量、

[①] 白晋湘. 中国民族传统体育文化建设的使命与担当[J]. 体育学研究,2019,2(01):1-6.
[②] 崔乐泉. 中国民族传统体育学[M]. 北京:科学出版社,2018.
[③] 万义. "原生态体育"悖论:体育非物质文化遗产保护模式的解构与重塑[C]//2015 第十届全国体育科学大会论文摘要汇编(一),2015:1073-1075.
[④] 张春燕,田振华,刘跃军. 基于非物质文化遗产法律保护的民族传统体育分类探析[J]. 武汉体育学院学报,2010,44(03):25-28+33.
[⑤] 陈小蓉. 我国体育非物质文化遗产保护传承理论与实践[C]//第十一届全国体育科学大会论文摘要汇编,2019:188-189.

空间布局、开发难易度等因素,提出了独具特色的体育非遗旅游开发模式。①

杨志强从政策、旅游休闲时代、文化遗产路线以及人们心理需求等方面来论述体育非遗与旅游融合发展的可行性,对体育非遗与旅游融合发展的优化路径进行了科学探索。②

张现成指出,保护体育非遗应以政府为主导,与院校相结合,通过院校而有效传承体育非遗。③

我们从上述关于体育非遗保护的研究中总结出关于非遗保护的如下建议。

第一,开发与设计体育非遗旅游项目,让更多的旅游者认识体育非遗,了解体育非遗,并自觉保护。在开发旅游项目的过程中,要呈现非遗的本质内涵,将其特性、价值充分展现出来,以旅游活动形式让大众近距离接触非遗项目,亲身体验与学习,提高保护意识。

第二,开发体育非遗旅游项目必须保持非物质文化的原真性,并突出地方特色,避免盲目开发。

第三,培养专业人才队伍。人才是开发与保护体育非遗的重要驱动力,应将非遗引进高校,培养复合型人才。

4. 体育非遗传承的研究

我国学者对体育非遗传承的研究主要集中在传承人、传承谱系、传承内容等方面。

崔乐泉提出加强对中华优秀传统体育文化内涵和中华体育精神的阐发,推进传统体育进校园,从非遗角度加强对传统体育文化的保护与传承,打造传承弘扬传统体育文化的平台,将传统体育项目融入大众生活,大力彰显传统体育文化的魅力以及推动中外体育文化的交流互鉴。④

---

① 魏婷,李铁录,马士龙,殷鼎 . 基于"点轴系统"理论的内蒙古体育非物质文化遗产旅游开发研究[J]. 体育文化导刊,2018(05):94-98.
② 杨志强,孙德朝 . 民族体育非物质文化对旅游发展的影响及其路径选择——以四川甘孜、阿坝、凉山为例[J]. 西南民族大学学报(人文社会科学版),2012,33(11):138-141.
③ 张现成,苏秀艳,杨凯 . 新农村建设中开发乡村体育旅游与体育类非物质文化遗产保护研究[J]. 山东体育学院学报,2010,26(01):18-23+27.
④ 崔乐泉 . 民族传统体育新文化的构建——兼论体育全球化背景下民族传统体育的发展[J]. 体育文化导刊,2005(03):41-43.

李军阳研究甘肃省体育非遗传承,指出独特的地理位置、悠久的文化历史等因素使甘肃省体育非遗形成了多样性、复杂性特征。① 由于外来文化的冲击和传统传承方式的限制,导致体育非遗保护工作开展较为滞后。

张庆武从非遗角度出发研究五禽戏的传承与保护,指出要从经费投入、健全管理体制、重视教育传承、保护传承人等方面来促进传承与发展。②

王书彦等从制度出发,指出体育非遗传承人在认定上存在问题,传承人的评审标准模糊,这是制约体育非遗传承的重要因素。③

总的来说,我国学者对体育非遗传承的研究如火如荼,学者们也基于现状而提出了针对性的建议,但一些较为重要的问题没有得到深入研究,如体育非遗传承群体和教育传承等方面的问题,有待进一步加强。

(三)民族传统体育文化传承、保护与发展研究

随着联合国教科文组织掀起的非遗保护运动的普及与发展,民族民间传统体育文化的研究引起越来越多的学者关注。此外,我国正处于社会转型时期,民族传统体育文化在价值领域、文化领域等出现了一些社会问题,引起了我国一些体育学者的关注。他们从实证研究出发,提出我国民族传统体育在特定环境下应该如何行动、思考、体验,他们从民族传统体育的规范化角度出发来探究我国民族传统体育文化传承与发展的相关问题。其中熊晓正的研究具有很大的代表性。他指出,在我国社会转型过程中,民族传统体育赖以生存的基础逐渐消失,我们必须改变"往回看"的思维习惯才能推动民族传统体育发展,必须改革传统发展模式才能使民族传统体育真正呈现出中国特色,我们不能一味地以"同化"的心态将传统体育活动融入现代体育中。熊晓正教授提出了"以科学化求生存,以社会化求发展,以民族化跻身于世界体育之林"的发展战略。在文化全球化浪潮下,熊晓正教授提出了民族传统体育新的发展观,即"时代性与民族性相统一,国际体育民族化与民族传统

---

① 李军阳. 甘肃省体育非物质文化遗产保护与传承研究[D]. 兰州理工大学,2014.

② 张庆武. 华佗五禽戏传承研究[J]. 体育文化导刊,2015(04):190-193.

③ 王书彦,韦启旺,张英建,周建,崔雪梅,杨万林. 体育非物质文化遗产传承人认定制度探析[J]. 武汉体育学院学报,2014,48(12):23-27+36.

体育国际化相统一"。① 王智慧提出民族传统体育要树立文脉赓续与民族复兴的文化自信。②

除了从规范化角度研究民族传统体育传承与发展外,还有很多研究角度,下面列举一些具有代表性的研究成果。

倪依克等人研究指出,民族传统体育作为宝贵的人类文化遗产具有活态性、群体性、民俗性以及地域性等鲜明的特征,它既包含与身体运动密切相关的内容,如比赛规则、比赛程序、运动器材、运动服装等,也包括反映民族传统文化特色的各民族的历史文化、社会生活、风俗习惯等,保护与传承民族传统体育文化,应保留其本身的生态性、真实性以及多元性。③

张志新等人从非遗相关概念与分类出发而初步划分了新疆少数民族体育非遗的类型,大体分为传统体育类、杂技类和游戏类三种,研究中指出新疆民族传统体育面临着严峻的生存困境,并从现实情况出发而提出了走出困境的方法和建议,如对濒危传统体育项目申请非物质文化遗产,保护其生存空间,保护传承人,建立原生态保护区,完善保护机制,培养优秀的传承人,建设高素质的传承人团队,并合理开发与利用民族传统体育文化资源,将开发利用与保护传承的关系处理好,建立良性互动机制。④

赵晓玲等人对西部民族传统体育文化的保护及其与旅游业的融合发展进行研究,对西部民族传统体育文化的独特性进行了分析,从其独特性着手而挖掘旅游价值,分析其与旅游业融合发展的优势与可行性,证实开发民族传统体育旅游产业能够带来可观的经济效益,但也指出了产业化发展对民族传统体育文化本身造成的不良影响,提出在发展民族传统体育旅游的同时要有意识地保护与传承民族传统体育文化,保留文化的民族性、独特性与多样性,走可持续产业化发展之路。⑤

———————

① 熊晓正. 机遇与挑战——对我国民族传统体育发展之浅见[J]. 成都体院学报,1988(04):21-28.

② 王智慧. 文脉赓续与民族复兴:民族传统体育文化自信的生成机制[J]. 北京体育大学学报,2019,42(09):148-156.

③ 倪依克,胡小明. 论民族传统体育文化遗产保护[J]. 体育科学,2006(08):66-70.

④ 张志新,庞辉,臧留鸿. 新疆少数民族传统体育项目保护研究[J]. 体育文化导刊,2010(03):118-121.

⑤ 赵晓玲,张晓林,李国泰. 西部地区民族传统体育文化保护与民族旅游发展研究[J]. 山东体育学院学报,2008(05):23-25.

　　陈青从全球化背景出发对中华民族传统体育的传承和保护展开研究,指出全球化给中华民族传统体育的发展既带来了机遇,又造成了冲击和威胁,提出应该从文化全球化的多样性出发保护民族传统体育文化的生存空间,拓展其发展空间,抓住全球化带来的机遇,积极应对全球化的挑战,注重从具体环节着手传承与保护民族传统体育。①

　　李俊怡等人从社会环境变迁的角度出发研究民族传统体育文化的保护和发展,指出社会环境变迁冲击着民族传统体育文化的发展,生活环境的巨大改变严重影响了民族传统体育文化的发展,西方竞技体育文化的涌入也在很大程度上影响了民族传统体育文化的生存与发展空间。但社会环境变迁是一把"双刃剑",在造成冲击的同时也给民族传统体育文化的发展带来了重要机遇。②

　　李玉文对湘西山寨民族传统体育项目的现状进行了分析,并提出了保护与发展的建议,指出山寨民族传统体育项目具有重要的教育价值、经济价值和社会价值,充分发挥这些价值,有助于促进民族经济振兴和民族素质的提升,有助于推动地区精神文明建设,还有利于对少数民族传统体育文化进行传承与保护。③

　　王林等人从生态学视角对民族传统体育保护与发展进行研究,指出可持续发展理念的成熟及生态文化的发展促进了文化生态环境的建设与优化,这为民族传统体育的发展营造了健康的环境,应充分发挥民族传统体育的当代价值,使民族传统体育走出发展困境,加大保护与传承力度,从文化自觉、文化自信着眼推动民族传统体育文化发展。④

　　王龙飞等人从非遗视角对民族传统体育保护进行研究,总结了国内外在非遗保护方面积累的经验,并对现阶段我国民族传统体育保护的问题进行了分析,提出要借鉴非遗保护的成功经验而解决民族传统体育保护的问题,如加强法律保护,维护民族传统体育的原真性,对传承路径进

　　① 陈青.全球化与中华民族传统体育传承和保护[J].天津体育学院学报,2008(03):200-203.
　　② 李俊怡,王晓芳,方征.社会环境的变迁与民族传统体育文化的保护和发展[J].体育文化导刊,2006(03):55-57.
　　③ 李玉文,白晋湘.湘西山寨民族传统体育的特征及价值开发[J].体育文化导刊,2008(06):122-123.
　　④ 王林,杨慧馨.生态学视野下的民族传统体育保护与发展[J].哈尔滨体育学院学报,2009,27(02):17-20.

行拓展,发挥教育传承与保护的作用,走产业化之路,等等。①

王晓也从非遗视角出发思考民族传统体育保护的若干问题,从非遗视角分析了保护民族传统体育的重要性,指出保护民族传统体育的精神内核是民族传统体育保护的中心,这是由非遗的非物质性决定的。② 民族传统体育在文化空间分层与布局方面也有自己的独特性,基于此可以对民族传统体育保护的范围有所明确。在保护过程中要贯彻以人为本的原则,这符合非遗蕴含的人本观念。

张宏宇等人对我国少数民族传统体育的保护进行了研究,指出少数民族传统体育文化在现代化进程中面临的生存与发展困境,有从受冷落、被忽视走向衰亡的趋势,对此,应及时抢救,积极保护,这个工作迫在眉睫,刻不容缓,但这不是一朝一夕的事情,任重道远,需要全民积极参与。③

牛爱军等人基于非遗视角对民族传统体育的发展进行研究,提出要按要求分门别类地保护民族传统体育,将开发利用与保护传承的关系处理好,并从不同项目的实际情况出发而采取相应的传承与保护策略,要重视活态传承。④

(四)民族传统体育非物质文化遗产研究

1. 传承与保护研究

关于民族传统体育非物质文化遗产的研究,主要从宏观层、中观层和微观层三个层面来分析。

宏观层的传统体育就是以国家层面的传统体育为研究对象,以全局的、整体的传统体育为研究范畴,它强调整体性、概括性、包容性和全局性,代表性研究有《非物质文化遗产武术项目评审体系的建立》等;也有学者从城镇化角度着手研究,如《城镇化背景下我国民族体育产业发展

---

① 王龙飞,陈世强.非物质文化遗产与民族传统体育保护[J].体育文化导刊,2008
(11):25-28.

② 王晓.非物质文化遗产视野下民族传统体育保护的若干思考[J].上海体育学院学报,2007(01):72-75.

③ 张宏宇,李小兰.论少数民族传统体育的抢救和保护[J].北京体育大学学报,2006
(10):1319-1321.

④ 牛爱军,虞定海.非物质文化遗产保护视野下的民族传统体育发展[J].武汉体育学院学报,2008(01):90-92.

路径研究》,分析我国民族体育产业的发展现状、价值、危机、路径,从宏观方向考虑传统体育非遗项目在城镇化背景下的发展状况。

中观层的体育类非遗是以族群、项目群、省市等区域为研究范畴,如《西北民族传统体育非物质文化遗产的传承与保护》,先简单阐述西北民族资源概况,梳理本地民族传统体育非遗分布类别,然后分析传承现状、保护状况、发展趋势,结合"一带一路"的新机遇提出保护和发展建议,如广泛收集、整理资料,建立数据库,创建体育文化品牌,加强法制建设等。

微观层的体育类非遗研究是细致入微地讨论和阐释项目,大多以个案为例进行研究,如《非物质文化遗产保护视域下的民俗体育"打鸡毛"研究》,对具体项目进行追踪溯源,细致刻画,并指出传承问题,提出传承与保护对策。微观层的研究虽然对具体项目研究很细致,较系统,但代表的是小群体,其提出的对策建议仅适用于某个项目或某个地区,不具有普适性,不适合大范围推广。

2. 传承人研究

传承人是使非遗顺利延续的核心人物,是守护人类精神财富的使者,很多学者都对非遗传承人的重要性及现状进行了研究,具有代表性的研究如下。

任娟提出由于西方竞技体育的同化,技艺传承人的断层问题严重。[①]

刘云飞、吴大华等人指出传承人后继乏人的严重问题。[②]

国伟、田维华认为非遗是依托人的口传身授而延续的,由于传承人数量减少、素质不高,导致部分传统体育项目消亡。[③]

张贺认为部分传承人是通过各种关系获得认定的,并非真正的传承人,非遗传承中人偏离中心的问题非常严重。[④]

总之,在民族传统体育非遗传承中,传承人的重要性受到了学者们的普遍认可,传承人的重要地位应该被政府重视,被社会认识到,同时传承人自己也要清楚自己的重要性,清楚自己的责任和使命。

---

① 任娟. 非遗影像化保护与文化传播价值[D]. 贵州民族大学,2020.

② 刘云飞,吴大华. 非物质文化遗产法律框架下贵州少数民族传统体育的保护与发展[J]. 贵州民族研究,2011,32(06):157-161.

③ 国伟,田维华. 贵州少数民族传统体育的传承和发展[J]. 体育学刊,2009,16(09):98-101.

④ 张贺. 为文化传承插上"数字翅膀"[J]. 中学生阅读(初中版),2020(04):10-11+44-45.

第三节　研究内容与方法

一、研究内容

本书重点在非遗保护视角下对民族传统体育文化的传承与发展展开研究,主要涉及的内容如下。

首先,阐述非物质文化遗产的基本知识,分析非物质文化遗产的基本理论。

其次,阐析民族传统体育文化与民族传统体育非物质文化遗产的基本理论知识。

再次,在非遗保护视角下探讨民族传统体育文化的传承理论、现状、困境及出路;研究民族传统体育文化的教育化发展、产业化发展以及国际化发展等多元发展路径;并对民族传统体育非物质文化遗产的保护理论、保护策略、开发理论及开发实践展开深入研究。

最后,采用个案研究的方法探讨非遗保护视角下民族传统体育典型项目的传承与发展,包括传统武术项目、舞龙和舞狮项目、毽球和木球项目以及秋千和风筝项目。

二、研究方法

(一)文献资料法

通过利用中国知网、中国学术文献网络出版总库、中国优秀硕(博)士学位论文数据库、中国期刊全文数据库以及利用网络图书等资源检索工具,查阅并收集有关非物质文化遗产、民族传统体育文化等方面的文献、论文和报告,然后进行全方位、多角度的整理和分析。

(二)逻辑分析法

运用分析法、综合法、归纳法等方法对收集的资料进行思维加工,理清和把握非遗保护视角下我国民族传统体育文化传承与发展的现状、困境,并进行逻辑思维分析,探索民族传统体育文化的传承与发展策略以及民族传统体育非物质文化遗产的开发与保护路径。

(三)个案研究法

个案研究是一种质性研究方法,本研究抽取民族传统体育的典型项目对其传承与发展进行个案研究,并在民族传统体育文化遗产开发的研究中对个别地方的开发实践进行实证研究,这些个案在信息资料的可获取程度、调查对象的配合程度、调查结果的真实程度三个方面都达到了较高标准。从个案研究中可以了解非遗保护视角下我国民族传统体育文化传承与发展的具体问题,并期望通过个案研究,验证我国民族传统体育非物质文化遗产保护与开发工作的进展情况,以小见大、以点带面,提出兼具针对性和可操作性的传承、开发、保护及发展策略,为中华民族传统体育非物质文化遗产的科学开发、有效保护、连续传承以及可持续发展提供思路。

(四)访谈法

基于研究的需要,确定访谈问题、制定访谈提纲,通过走访非物质文化遗产保护中心、民族传统体育非物质文化遗产项目传承人、非物质文化遗产保护的专家及学者,针对本研究的相关问题对调查对象进行访谈,获取相关信息,收集重要资料,为本研究提供现实参考。

第二章　非物质文化遗产及其保护

　　非物质文化遗产代表着一个民族发展的历程，是活态的历史，它延续着该民族的精神文明基因，是文化多样性的重要体现，也是全人类共有的文明结晶，因此，对非物质文化遗产的保护意义重大。非物质文化遗产保护工作不仅是单个族群和个人权益的实现，更是国家与政府行使公共文化服务职能的重要体现，是社会公益文化事业的重要组成部分。本章将从非物质文化遗产的内涵及分类、非物质文化遗产的特征与价值、非物质文化遗产的保护意义与原则以及非物质文化遗产保护的具体方式几个方面展开论述，对国内外的非物质文化遗产的保护工作进行深入的讨论。

第一节　非物质文化遗产的内涵与分类

一、非物质文化遗产的内涵

（一）非物质文化遗产的定义

　　科学、准确地界定非物质文化遗产，是保护、传承、弘扬、研究非物质文化遗产的第一步。目前，国际社会公认的对非物质文化遗产的定义，出自 2003 年联合国教科文组织颁布的《保护非物质文化遗产公约》，"非物质文化遗产是指被各社区、群体、有时为个人，视为其文化遗产组成部分的各种社会实践、观念表述、表现形式、知识、技能以及相关的工具、实物、手工艺品和文化场所。这种非物质文化遗产世代相传,在各社区和群体适应周围环境以及与自然和历史的互动中,被不断地再创造,为这些社区和群体提供认同感和持续感,从而增强对文化多样性和人类创造力的尊重。在本公约中,只考虑符合现有的国际人权文件,各社区、群体和个人之间相互尊重的需要和顺应可持续发展的非物质文化遗产。"[1]

与物质文化遗产相比而言,非物质文化的核心内涵是其精神特质,它是某一个民族或族群经过长期的生活实践总结和流传下来的、包含着各种智慧、情感、价值观、文化信仰等精神特质,它形成一种独特的精神世界,是人类文明的宝贵结晶,是非物质文化遗留下来的一种存在形式。

(二)非物质文化遗产与相关概念的辨析

若想深刻理解和研究非物质文化遗产,有必要对与非物质文化遗产相关的其他概念进行辨析,它们既有某些相似性,又有其相对性,通过辨析和比较可以更好地认识非物质文化遗产的概念和内涵。

1. 文化遗产

文化遗产特指经过人类历史积淀、世世代代创造和积累的见证物。它在强调文化价值与见证物的同时存在。

2. 自然遗产

自然遗产是指其形成的动因和过程都是在自然的变化过程作用下,没有人为的参与,并且从科学、审美的角度看具有突出的、普遍的价值。

3. 传统知识

传统知识是指特定的族群在其生活的特定区域内,长期积累、总结、传承下来的自然科学和社会科学知识的总和。

4. 民间文学艺术

世界知识产权组织和联合国教科文组织在《保护民间文学艺术表达

---

[1]　文化部对外文化联络局. 联合国教科文组织保护非物质文化遗产公约基础文件汇编[M]. 北京:外文出版社,2012.

免被滥用国内立法示范法》中,对民间文学艺术给出的定义为,"由传统艺术遗产的特有因素构成的,由某国的某居民团体(或反映该团体的传统艺术发展的个人)所发展和保持的产品。"①

二、非物质文化遗产的分类

对非物质文化遗产的分类是非常复杂而艰巨的工作。世界文化遗产本身就相当的繁杂浩瀚,它们是人类几千年文明不断演化发展的结果,每个文明都有其独特的文化特质,不仅内容丰富、形式多样,而且其包含的文化内涵更是浩若烟海、灿若繁星,在研究和理解上都需要非常准确而客观地进行梳理、辨析。而非物质文化遗产因为几乎没有"实物"的形式依托,对其分类就更加艰难。由于非物质文化遗产范畴广泛,它涉及了人类全部历史和全部形态的文化样式,因此至目前为止还没有一个十分科学的分类与界定。《保护民间创作建议案》为此在"民间创作的鉴别"的条款里特别指出,各会员国应加强对民间文化遗产的研究,鼓励建立民间创作标准化的分类。

(一)按级别分类

(1)世界级非物质文化遗产:按照联合国教科文组织对非物质文化遗产的定义和申报标准,并且已申报成功或者符合条件正在申报的非物质文化遗产。

(2)国家级非物质文化遗产:已经入选或正在申报的、符合国家级申报标准、具有特殊价值和代表性的非物质文化遗产。

(二)联合国教科文组织的分类

(1)口头传说与表述:语言、民间文学、神话等。

(2)表演艺术:音乐、舞蹈、歌舞、戏曲、戏剧、木偶戏、皮影戏等。

(3)社会风俗:礼仪、祭仪、习惯、游戏、体育、节庆等。

(4)有关自然界和宇宙的知识和实践:关于农业活动的知识、生态知

---

① 世界知识产权组织和联合国教科文组织《保护民间文学艺术表达免被滥用国内立法示范法》,1982 年.

识、医药与医疗、宇宙观、天文历法气象、冶炼、计算、畜牧业、狩猎、食物与食品、种植、加工技术等。

（5）传统的手工艺技能：建筑术、人体文绘、手工艺、纺织与编织、刺绣、木雕、民间美术的各类型民间建造、民间工匠等。

（三）按中国独具特色的形式进行分类

按照国务院批准的"首批国家级非物质文化遗产名录"，我国的非物质文化遗产共分为以下 10 大类。

（1）民间文学：主要有传说、歌谣、少数民族史诗、民间故事等。

（2）音乐：主要有民歌、山歌、号子、弹奏和吹打艺术、道佛教仙乐等。

（3）舞蹈：主要有民间龙狮舞和少数民族舞蹈等。

（4）戏剧：主要有五大声腔戏剧、少数民族戏剧、民间戏剧等。

（5）曲艺：主要为评说、大鼓和少数民族曲艺等。

（6）杂技：主要为竞技、武术、太极拳和民间杂技等。

（7）美术：主要有年画、剪纸、挑花、雕塑、刺绣等。

（8）手工艺：主要有陶瓷、蜡染、文房四宝、酿酒、首饰加工等工艺。

（9）传统医药：主要为针灸、中药。

（10）民俗：主要有传统节日节庆、婚俗、祭祀、礼仪和少数民族民俗等。

（四）按代表作进行分类

根据联合国教科文组织发布《人类口头和非物质遗产代表作申报书编写指南》，对代表作的定义为："当鉴于任何文化都可能有代表作，又考虑到要超然于某一特定的历史和文化，人类口头和非物质遗产领域中的代表作，可理解为一种具有特殊价值的、无常规可循的、无法以任何外在尺度衡量的文化表现形式，它体现出一个民族的表达自由和创造天才。"[①]代表作需要具有一定的文化高度，具有空前绝后的特殊价值，并且有其所在民族、群体文化传统的传承脉络，能够起到确认该民族及文化群体的文化身份的作用；具有超凡的技术水平；具有鲜活地见证某个传统文化价值的作用，但因缺乏保护或因历史变革而面临消亡的危险。

---

① 联合国教科文组织：《人类口头和非物质遗产代表作申报书编写指南》(2003)

第二节 非物质文化遗产的特征与价值

一、非物质文化遗产的特征

非物质文化遗产属于世界遗产的一个独特的"家族"。其具有世界文化遗产的共性,同时也具有自身独特的特色与魅力,正确认识非物质文化遗产的特征,是科学保护和合理经营非物质文化遗产的前提。

(一)创造性

非物质文化遗产具有丰富多样的内容和形式,是经过不同时代的人们在生产劳动和生活流变中自发自觉的一种创造性活动,并以动态方式进行延续、累积并传承,但是因缺乏足够的保护,或者因为受到现代社会飞速发展的强烈冲击,或是因为发展逐渐出现式微迹象而面临消亡的危险的非物质文化成果。由于其"非物质"的特性,倘若没有得到足够的保护,那么几百年甚至是上千的人类文化成果很可能会逐渐消失不见,这将是世界文明体系中一个严重的遗憾和损失。

此外,正如联合国教科文组织的定义所阐释的,非物质遗产其形形色色的表现形式和内容是与人的自发创造活动密切相关的,而这种人类生活繁衍的活动,自带传承性的特征。非物质文化遗产体现出人类独特的创造力,然而这种创造力也是建立在人们一代代的积累、沉淀、整理以及突破性的进展基础上产生的,这是一种创造性的传承。每个时代的人们在继承前人留下的非物质文化遗产的同时,也会融合一定当代的特征进行发展和再创造,也正是如此,世界文明中众多的非物质文化遗产才被世世代代地流传至今。

(二)经验性

非物质文化遗产有着强烈的经验性的属性,它是一种经过长期的实践、参悟而得到的认识和体会,甚至难以形成准确的文字,它一般沿袭着两种传承方式：一种是群体性的自发传衍；另一种则是靠父子、师徒的口耳相传，参悟体验。是非常个体化的、漫长的、难以进行标准化的普及，因为一旦普及，部分非物质的精华很难进行大规模的教授，如果做普及就很可能让其精华或多或少地遭受损失，就会与初衷背道而驰。因此，对于非物质文化遗产的抢救和保护，主要是针对保护其原本的传衍方式而言，而普及主要是指普及非物质文化遗产的影响力，让更多的人了解和关注，为抢救和保护创造有利环境。

（三）民族性

非物质文化遗产的特征之一就是鲜明的民族性，这种文化成果专属于某一民族所特有的、带着该民族明显的烙印，同时反映着该民族独特的思维方式、生活方式、精神信念、价值观、审美趣味以及情感表达等因素。特定民族的特性表现从形式到内容都具有其民族特色。比如形式特征方面，民族的人种、语言、生活习惯、风俗、服饰、饮食等，是受到自然生态、遗传的影响，并具有很强的稳定性，不会轻易发生改变，而且一旦消失，就很难再生。它凝结着强烈的民族气质，具有明显或隐晦的政治、经济、文化的基因，是某种民族文化的鲜明代表作。因此，这也是非物质文化遗产存在的主要意义。

每一个历史悠久的民族都有不同于其他族群的非物质文化遗产，他们各具特色，共同构成和丰富了人类的文化成果。每个民族对本族文化都具有强烈的认同感和自豪感，并且这种情怀已经融入了民族的精神内质，这也是非物质文化遗产能够得以保护流传下来的一个重要因素。它不可复制，随着民族的兴衰而兴衰，可以说是依托于民族而存在的。

（四）活态性

非物质文化遗产的另一个重要属性是以人为本的活态的文化形式，与人密不可分，它偏重于技能和知识的传承，因此它常常是活态的、生动的，比如一些表述、表演和传统技艺，需要他们的传承人得以体现。这些传承人用自己的生命承载着某种形式的非物质文化遗产，正是他们的存在才让这些文化成果呈现"活态"的特性，并且一代代地传递下去。相对而言，物质文化遗产是可以通过复制而使其得到保存和传播，比如通过复刻原物质可以将它们永远地、大量地进行传播。而非物质文化遗产却不可以复制,原因就是它的传播往往是活态的流变,比如它是通过继承与变异、一致与差异的辩证关系而世代相传,是一种在继承中发展的方式,因此不可能复制。

(五)社会性

非物质文化遗产是人类在社会生活和生产中创造并经过长期演变而留存下来的一种文化成果,因此其具有社会性。也就是说,非物质文化遗产不可能脱离社会而存在。它是人类智慧的结晶,也产生于某一个特定的社会阶段,带着当时社会的经济、政治的文化信息,又随着社会的变迁、生态的改变等因素而发生复杂、微妙的变化,但是其始终不会脱离其社会性。非物质文化遗产的社会性表现为人类实践的价值性,是各种形式、功能和集体参与者的综合体现。

(六)流变性

非物质文化遗产的传播还具有流变性的特点。它是民间自发的相互学习的过程,在传播的过程中,可能从一个民族传播到另一个民族,从一个区域传播到另一个区域的实例非常多见。然而在这样的传播过程中,它呈现一种动态的、流变的传播特征,而非保持原封不动的照搬。比如经过不同民族之间的交流和学习,一种非物质文化遗产从一个民族传播到另一个民族,并且逐渐融入这个民族特有的文化信息,比如生活方式、风俗习惯、文化解释等,随着时间的推移和社会的发展,该非物质文化遗产已经与当地的历史和文化相融合,并得到继承、发展和变化,这就是它的流变性传播。

(七)地域性

如前所述,既然非物质文化遗产具有民族性特征,那么必然也具有地域性特征。因为每个民族基本上都有一个特定的长期生活和工作的地域,并且逐渐形成了区别于其他地域群族的生活习惯和民俗文化。这种文化特质和该地域的自然环境共同形成一个无形的、区别于其他地域的、相对稳定的边界和风貌,它促使该地域的非物质文化遗产以一种相对纯正、不被其他族群或地域过分影响的人文与自然环境,并在此基础上形成了该地域的非物质文化遗产。同时,这种非物质文化遗产也需要深深地根植于这片地域,如果离开该地域,便失去其赖以存在的土壤和条件,也谈不上保护、传承和发展。

(八)群体性

整体来说,非物质文化遗产基本上属于群体性传承。虽然有些传承人表现为是个体传承人,但是绝大多数的非物质文化遗产的传承并不是靠个人完成,而是以一个群体为单位进行代际传播或者向更大范围传播,它是通过集体创造、再通过集体传播的产物。即使最初是由某个人的个体行为创造和产生的,但是在之后的进一步创造、完善和传承过程中,还是以集体创造为主,它是通过不断吸收新的文化信息、经验智慧,经过长期的积累和改善而形成今天的形态,并通过某个族群、家族,偶尔也以个人的形式进行代代相传,才得以流传至今。

(九)系统性

非物质文化遗产的系统性是指其存在、传承、延续和发展必须与其所在的生态环境相联系,比如自然生态、人文生态、经济生态等。因此,保护非物质文化遗产首先就要对其所依赖的文化生态进行保护。要具有系统性的发展思路,不仅仅要保护非物质文化遗产本身,与它息息相关的生态环境是其得以留存和传播的重要前提,因此必须重视非物质文化遗产的系统性特征。

(十)历史积淀性

非物质文化遗产非一时一世的产物,而是在漫长的历史过程中形成的,有着极为丰富的政治、经济、社会、历史、文化信息。而且,在传承过程中,又积累了历代传承者的智慧、技艺和创造力,成为人类智慧和创造力的结晶。它们本身不仅包含着丰富的历史文化信息,从中也反映出特定的传承者们的思维、情感、价值观等。例如,曾经成功地申报世界人类口头和非物质遗产代表作的中国古琴艺术,就以其积淀的深厚的文化、历史、情感等信息而著称。古琴是世界上最古老的弹拨乐器之一,有3 000多年的悠久历史。古琴艺术以音乐为主要载体,吸收了中国音乐的精华,它与文人雅士的生活、情趣和精神创造联系密切,具有丰富的人文内涵,从多方面体现了中国传统文化精神,对于中国音乐史、美学史、文化史的研究也都有重要的价值。

二、非物质文化遗产的价值

(一)非物质文化遗产对人类的重要功能

1. 非物质文化遗产蕴含着丰富的价值

非物质文化遗产的价值是不可估量的。首先,非物质文化遗产具有丰厚的历史、人文、科学、经济、审美、伦理、教育等价值,它是某种文明的鲜活样本,它具有超出常规的创造性和不可替代性,并将这种智慧、经验、技能一直传播下去,它是某种天才创作的杰出代表,它像是人类文明的活化石,记载着某些独特的文化记忆。其次,非物质文化遗产往往是某种天才创作的典范,它空前绝后具有突出的特殊价值,且一旦消失不可再生。非物质文化遗产体现了人类文明的多样性,对世界文明的演化和发展具有重要意义。它不仅可以普及和传承文化、增加知识、培养多元的世界观和价值观,对精神文明建设、历史研究、审美培养都具有特殊意义,同时它也具有可观的经济价值,在进行文化传承的同时还可以创造经济收益。这同时也有利于对非物质文化遗产的保护和传承。

2. 非物质文化遗产的价值体现在与人类的互动关系中

价值的实质取决于该事物对于人类的有效性,或者说对于人类社会的持续发展具有某些深刻的影响和作用。非物质文化遗产的价值,体现在其对人类的重要功能和作用,这种价值存在于两者之间的相互关系中、非物质文化遗产本身与人类的相互关系中。

(1)非物质文化遗产通过在某一个特定文化社区的世代相传,并且在传承的过程中,通过与社区或族群、自然环境以及历史的互动中被一再的完善和创造,于是为社区和族群提供着持续的认同感,增强相互间的关系,增强彼此的依存与凝聚,使该族群以及依附于它的非物质文化遗产同时得到发展。

(2)非物质文化遗产扎根于某一族群的文化传统或风俗习惯中,它的存在起到证明该民族或文化群体的特殊性,是某个文化和族裔区别于其他文化与族群的标识,它是某种鲜活的文化传统的见证,且具有唯一性。

(3)非物质文化遗产成为多种学科研究的对象这一事实本身,有力地证明了非物质文化遗产具有多方面和多向度的功能和价值。它包括历史、艺术、人种学、社会学、音乐、考古、经济等众多领域,它是人类文化多样性的生动展现,证明了人类文化的丰富内涵。一个民族的非物质文化遗产,往往蕴含着该民族传统文化的最深根源,鲜活地保留着该民族文化身份的原生状态,以及该民族特有的思维方式、心理结构、审美观念以及生活方式等。

(4)对非物质文化遗产的价值认识还处于不断的发展之中。随着社会的进步,文明的发展,人类对非物质文化遗产的价值的认识也在不断的发展之中。人类与非物质文化遗产的相互关系也在动态的变化之中。因此,衡量和评价非物质文化遗产的价值也是一个相对动态的过程,它会随着科技的发展和技术水平的不断提高而逐渐深入。非物质文化遗产蕴含的丰富信息与价值,并非是一蹴而就的,同样地,后人对它的认识也是一个递进的过程。

(二)非物质文化遗产的价值体现为体系性

1. 非物质文化遗产是一个价值体系

非物质文化遗产的价值不是单一和静止的,它作为一种活态历史是多种学科的研究对象,非物质文化遗产本身是一个多样、动态、系统的价值体系,对它的价值认识和判断需要多向度、多维度地进行,它蕴含的各种价值之间组成一个立体的价值体系,彼此之间又是一种盘根错节的生态关系,很难从单一的角度准确概括出非物质文化遗产的价值。对它的价值评判需要从系统的视角进入,只有以这样的态度去研究其历史价值、文化价值、精神价值、审美价值、观赏价值、教育价值、认同价值、科学价值、实用价值、经济价值、再生价值、纪念价值、收藏价值等才真正具有现实意义。因为这些价值之间也是彼此互生的关系,单独论述哪一个都是片面的、有所遗失的。

2. 非物质文化遗产的价值具有特殊性

非物质文化遗产是一种文化和历史的活化石样本,它是随着时间的推进而处于不断的发展变化中。在各个历史时期、各个地域与民族的不同非物质文化遗产中,都发挥着特殊的价值。它既代表着某个时代的重要价值,又具有跨时代的普遍价值,它既代表着某个族群的特有价值,又具有跨文化的普世价值,其文化价值具有特殊民族的标识意义,又是人类文明多样性的集中体现。总之,非物质文化遗产是人类文化遗产中一项非常重要和特殊的存在,具有不可替代的价值和意义。

第三节　非物质文化遗产保护的意义与原则

一、非物质文化遗产保护的意义

(一)是社会文明健康发展的必要条件

1. 对人类社会具有全局意义

非物质文化遗产对于人类社会具有无可估量的价值,是世界各民族传统文化的智慧结晶和宝贵财富,并且还在持续不断地发展传衍的过程之中,继续为人类社会和文明提供丰富的精神文化和物质文化的价值。因此,保护非物质文化遗产的意义非同寻常,对于保证和促进世界不同民族、地域优秀的人类传统文化,对于维护人类文化的多样性,对于促进人类文明生态的可持续发展,对于进一步认识人类发展历程与未来发展的展望,对于充分发挥世界各国、各民族人民的想象力和创造力,对于促进各民族之间相互沟通、了解、协作等都具有重要的意义。尽管非物质文化遗产是某些民族的独特创造,但是对它的保护对人类社会的发展具有全局意义。

2. 对人类社会具有历史意义

非物质文化遗产的一大特性是它属于一种活态文化,会不断受到人类社会结构与环境变化的影响。由于社会的飞速发展,使得非物质文化遗产赖以依存的文化生态、自然环境、生活习惯、审美意识等都受到强烈的冲击,会对它的持续发展和生存带来前所未有的挑战,有些甚至已经消失或濒临消失,而其一旦消失便不可再生。在社会主流文化强势发展的趋势下,很多非物质文化遗产是在一种文化弱势的夹缝中艰难生存。非物质文化遗产的加速消亡,不仅仅是某个民族或族群的文化损失,也是对人类文明多样性的严重伤害,不仅仅是某个特定民族或族群的传统文化的消失,它也是某种特定文化基因的思维方式、生活方式、审美方式的消失,是被工业文明的粗暴碾压。我们知道,一个民族乃至整个人类文化传统是一个有机整体,其中某一个组成内容的突然消失,都会对整体带来混乱和失序,非物质文化遗产具有悠久的历史,它们深植于人类文明的根系之中,如果不对其进行保护,那么必然会动摇整体文明的健康。可以说,抢救和保护那些处于生存困境中的非物质文化遗产具有历史意义。

3. 对人类文明的精神延续

非物质文化遗产与物质文化遗产同样具有传承人类精神文明的价值,但是两者又有所不同。物质文化遗产具有客观的存在形态,尽管其昔日的辉煌不再,但是可以时刻提醒着人们某种精神与文明曾经存在过。由此可见,物质的遗存并不能保证其真正延续,而非物质文明是一种活态的历史,它的存在本身就代表了某种文明的延续。一个民族的传统文明的延续,需要由物质形式的文化遗产与非物质形式的文化遗产共同承载和延续,它们都是人类伟大文明的结晶。这两者作为现存文化的记忆,物质文化遗产具有可见性,而非物质文化遗产具有活态流变性,两者互为补充,各有所长。用不同的方式保存和传达了它久远的文明记忆,延续着人类宝贵的精神血脉,留存着昔日令人神往的文化现场。

(二)非物质文化遗产保护面临的问题

工业文明和全球化令世界格局发生着巨大的变革,社会文明在不知不觉进行着快速的转变。在文化趋向单一、人口涌向城市、环境日益恶化以及社会普遍追求效率的最大化等现象之下,那些传统的、弱势的,本来就缺乏保护的非物质文化遗产正面临消失的危险。具体存在着以下几个方面的问题。

(1)依赖口传心授方式进行传承的文化遗产正在不断消失。许多传统技艺由于与现代社会的生产方式和生活方式迥异,甚至缺少实用性或必要性而渐行消亡。另外,被现代文明熏陶的年轻人很多都对传统技艺失去兴趣,他们更倾向于选择代表着效率和速度的现代社会生产方式。因此非物质文化遗产处境艰难,于外受到环境的挤压,于内又面临后继无人的尴尬局面。

(2)国家非物质文化遗产保护法的建设步伐不能与对非物质文化遗产保护的紧迫性相适应。因此,与保护相关的一系列问题不能得到系统性解决。同时保护标准不够细化、专业人员的受训情况难以保证等因素都制约着非物质文化遗产保护工作的顺利进行。

(3)受到经济驱动导向影响,一些地方重开发、轻保护的现象比较突出。甚至有些地区还出现了超负荷利用和破坏性开发的现象,以商业化、人工化和城镇化改变非物质文化遗产形态,甚至借保护和发展之名随意篡改民俗艺术,使得非物质文化遗产保护不足,破坏有余。

(4)对于非物质文化遗产缺乏科学有效的传承体系,尤其是政府主导、社会参与保护体制的有效性亟待体现。

(5)在我国新农村建设的开展过程中,对农村原貌进行翻新建设,尽管提高了农民的生活环境,但是由于缺乏对非物质文化遗产的保护意识,由此带来了不可挽回的损失。

一方面,当代文化生态的改变,正在使非物质文化遗产逐渐失去赖以生存和发展的环境基础,许多非物质文化遗产正处于生存困境或已处于消亡状态;而另一方面,保护工作的困难及保护方式的不当,也形成非物质文化遗产承续的诸多问题。我们一定要高度重视开展非物质文化遗产保护工作的紧迫性,以及对国家和民族以及人类社会可持续发展的高度责任感,以科学和务实的态度与精神,切实做好我国非物质文化遗产的保护工作。

二、非物质文化遗产保护的原则

(一)本真性原则

对非物质文化遗产保护的本真性原则,是指非复制、非虚伪,忠实地保护和呈现其本来的风貌。要保护的就是非物质文化遗产原生的、真实的历史原态,保护它所遗存的全部历史文化信息。坚持本真性原则有助于提高对非物质文化遗产价值的认识,坚持正确的保护理念和实践。坚决杜绝"伪民俗"和"伪遗产",它不仅占用了可贵的保护资源和财富,而且还破坏了非物质文化遗产,并且对社会具有错误的认识导向。

(二)整体性原则

作为一个历史悠久的文明古国,中国拥有世界上丰富多彩的非物质文化遗产。这些文化遗产特定的生态环境相依存,具有丰富的内容和形式。因此应该采取全方位、多层次的方式对其文化生态的全部进行保护。整体性是我们要非常重视的一个保护原则。要尊重其内在的生命特点,要维护其外在的构造环境。保护非物质文化遗产的整体性原则既体现在空间向度上,也表现在时间向度上。在传承中进行整体性的活态保护是保护非物质文化遗产最好的方式。

(三)可解读性原则

一个民族的非物质文化遗产,蕴含着该民族传统文化的深厚根源,它往往通过其独特的、原生态的生活方式、行为规范、审美习惯、思维方式和价值观念来体现。可解读性就是指在继承其文化形式的同时,要解读其丰富的精神内涵和文化价值,比如中国众多的传统节日中的礼仪习俗,是中华民族传统文化的重要载体,是民族感情的黏合剂。它们是非物质的,却在几千年的文明演化中生生不息,直至今日仍在持续地滋养着这个民族。然而,由于非物质文化遗产的非物质性和丰富性,要挖掘和解读各种非物质文化遗产的精神价值并非易事。其原因如下。

1. 悠久的历史性

中国是文明古国,有些非物质文化遗产可能起源于史前文化。它们随着中华民族的世代繁衍生息,演化出多种多样的习俗,而其中蕴含的精神意念非常复杂,对其解读自然并非易事。

2. 高度的个性化和独特的传承方式

非物质文化遗产往往体现着鲜明的个性。其民族独特的生活环境塑造了其独具的素质,比如一批民间巫师、歌师、工匠等,他们的共同特点就是充满睿智和灵性,难于归类,他们用独具个性的方式方法创造出超出常规的艺术作品或其他艺术形态。这些民间技艺的传承方式主要是通过家族间父母与子女或者族群内师傅与徒弟式的、单线的、言传身授来实现,整个过程都充满了个性特征。在传承中不断丰富完善,形成特色和流派,所以完全是个性化的。其后人对该技艺的解读与潜心体味,又离不开这些艺术家自身与其生活环境的互动关系。

(四)可持续性原则

非物质文化遗产是活态历史,因此对它的保护也是一项长期的、连续的、系统的文化工程,甚至这种保护工作将与该非物质文化遗产长期共存,保护工作要长长久久地持续下去。因此要坚定保护理念,持之以恒地进行这项事业。对非物质文化遗产的保护,不可能一蹴而就,也不可能一劳永逸,而应该做好长期的规划和准备。

(五)以人为本原则

人是进行非物质文化遗产传承和保护的主体。要想做好非物质文化遗产的保护工作,首先应该对人有足够的关注与重视,比如要尊重人的现实需求,保护遗产不能以妨碍经济发展、降低人的生活质量为代价。实施的保护方式与方法要有利于人的全面发展,要促进人与环境的和谐共处,要尊重不同民族的生活方式、风俗习惯乃至宗教信仰,要处理好保护民族传统文化与发展当前经济的辩证关系。保护不是封存不动的保存,而是要在活态传承中再现其生机与活力。保护是积极保护而非消极保护,是以发展求保护,是让该非物质文化遗产的传承人(个人或族群)

能有效地生产和创造价值,从而真正起到保护和促进作用。

(六)族群利益原则

非物质文化遗产是一个和民族与国家紧密相连的概念,但非物质文化遗产究竟应属于国家权力还是属于族群权利,这是保护非物质文化遗产不能回避的问题。族群利益原则非常强调族群的基本利益,但这与国家利益是不相违背的。国家及政府部门也非常重视族群健康的发展,主张保护族群的非物质文化遗产获得可持续发展。

(七)利益平衡原则

利益平衡原则是指在保护产权人获取竞争优势以维持创新动力的前提下,尽可能促使知识资源社会化以促进生产力的发展。可以说这是健全非物质文化遗产保护法律法规的重要举措,是促进我国非物质文化遗产保护持续、健康地进行下去的法律支持。

第四节 非物质文化遗产保护的方式

一、我国非物质文化遗产保护的现状

从我国古代《诗经》的采集、整理、传承到 20 世纪初兴起的民族、民间、民俗文化的搜集、保存,特别是民俗学建设的成就,都是我国对保护非物质文化遗产的有力举措。中华民族自古就有自觉地对物质与非物质文化遗产的保护传统,它们为中华文明的延续做出了杰出贡献。

文化部、财政部联合国家民委和中国文联,于 2003 年启动实施的旨在全面推动我国非物质文化遗产保护工作的系统工程——中国民族民间文化保护工程,在浩浩瀚瀚推进过程中,至今的 18 年间,创建了我国非物质文化遗产保护的有效机制,初步建立起我国非物质文化遗产保护体系,并且仍在持续地完善之中。它基本实现了我国非物质文化遗产保护工作的科学化、规范化和法制化。这些工作与努力,标志着我国非物质文化遗产的保护已经开始走向全国整体的、系统的保护阶段。

我国非物质文化遗产保护工作的重要内容主要有下列几项。

(1)组织全国非物质文化遗产项目普查,在各省、自治区、直辖市及地、县级普查的基础上,基本掌握了我国非物质文化遗产的遗存状况,做到科学普查,心中有数,这是非物质文化遗产保护的重要开端。

(2)在普查基础上,通过制定评定标准以及科学认定,建立起国家级和省、市、县级非物质文化遗产名录体系及四级保护制度。

(3)加强非物质文化遗产的研究、认定、保存和传播。

(4)建立科学有效的非物质文化遗产传承机制,在动态整体性保护中使非物质文化遗产焕发生机。

(5)全面贯彻落实《中华人民共和国非物质文化遗产法》,逐步建立健全科学有效的非物质文化遗产保护体系,以及完备的传承机制,为我国非物质文化遗产保护工作的长期实施和有效运行提供保障。

(6)大量的民间艺术博物馆的建立,对抢救和保护非物质文化遗产做出阶段性的进展。

二、国外非物质文化遗产保护的借鉴

非物质文化遗产保护是国际社会共同面对的紧迫任务。其中,日本、韩国和法国在这方面做出的很多卓有成效的努力,值得我们关注和借鉴。

(一)以法律形式保护非遗

1950年5月,日本政府首次以法律的形式规定了非物质文化遗产的范畴,并把非物质文化遗产确立为国家法律保护的对象。日本的文化财保护体制中,明确规定了国家、地方公共团体、所有者、国民在保护工作中的作用和责任。其形成的国家主导、社会参与、传承人发挥主体作用的保护机制,是保证其在非物质文化遗产保护工作中取得优秀成绩的重要因素。同时,1954年以后,日本在保护非物质文化遗产项目的同时,还进行对该项目艺术或技术的代表性人物的认定,这些人被称为"人间国宝"。因此,有人称日本的这种保护措施为"人间国宝制度",这也是一种非常有效的保护手段,进一步加强了日本民间对非物质文化遗产的重视。1975 年以后，日本又规定将有特别重要价值的风俗习惯和民俗表演艺术指定为"重要非物质民俗文化财"加以保护。韩国在 1962 年 1 月也向日本学习，颁布了《文化财保护法》，对韩国的 100 多项国家级非物质文化遗产进行有力的保护。日本、韩国从立法到大量资金投入，以及树立起全民参与保护的意识，一整套系统的做法已在保护方面发挥重要效能。

（二）扩大文化遗产保护范围

在欧洲国家，法国对非物质文化遗产保护的重视和相关措施也值得关注。把 20 世纪一些著名建筑师、时装设计师的重要作品也列为文化遗产加以保护。其他国家也纷纷效仿，从加大国家立法力度到增加资金投入，以及提高全民参与保护的意识，都起到了显著效果。人们对非物质文化遗产的认识以及自觉自发地对其加以保护是需要不断深化的。它的概念在延伸，保护范围在扩展。对那些具有民族民间特性的、具有较高的历史、艺术、科学价值并流传至今的非物质文化遗产，应该及时进行抢救。非物质文化遗产保护是全人类共同的事业，在今后的保护工作中，我们仍然需要不断汲取别国有益的经验，取长补短，促进我国的保护工作不断走向深入。

三、非物质文化遗产的公法保护

（一）国家的行政干预

1. 国家行政干预的必要性

无论是从非物质文化遗产私权保护的局限性，还是从保护文化多样性、国家的文化产业政策和国际竞争战略的角度出发，公权力的介入都是十分必要的。首先，对于作为私权权利人的非物质文化遗产的来源群体，由于其没有能力足以对抗外界强势文化的侵蚀，所以需要国家的行政干预进行保护；其次，非物质文化遗产的私权保护，并不只是在于财产，它作为特定国家或群体文明模式的重要组成部分，与国家文化自主权、文化多样性的保存和发展等宏观问题密切相关；另外，由于非物质文化遗产具有特殊的复杂性,种类繁多,尽管大多数可以被知识产权保护,但是像一些礼仪和节庆习俗等则难以实施保护操作。它们既是历史的见证,保留着特定族群的文化生活的发展历程,寄托着代代相传的生存智慧,对民族认同具有重要的精神价值,同时它也蕴含着巨大的经济价值和文化价值,但是必须正视的是,它的精神价值远远大于商业价值,这也是保护非物质遗产的难点所在。对非物质文化遗产的保护主要是抢救与弘扬,而非获利,因此对非物质文化遗产保护进行公法保护非常必要。

2. 各国政府的责任

从国际社会上看,各国政府都是非物质文化遗产保护的责任主体,发挥着主导作用。在非物质文化遗产的保护中,都需要国家投入各种资源进行扶持。非物质文化遗产其本身很少具有创造经济的价值,对其保护往往需要耗费巨资。非物质文化遗产所属的族群、社区或其传承人,其有限的个体力量显然不足以担当保护的重任。因此,基于对文化多样性的发展和保护的角度,政府作为公共利益的代表,应担负起保护非物质文化遗产的重任。而且,强化政府对于文化遗产的行政管理职能,鼓励支持社会力量参与保护工作,是国际社会普遍形成的一种趋势和潮流。因此,各国政府的责任主要是通过行政手段对非物质文化遗产进行确认和保护,通过制定相应的法律、募集保护基金等方式进行实际的督促和引导,以落实保护工作的健康发展。

3. 行政干预的主要内容

无论哪国政府,其责任就是为非物质文化遗产的保护营造良好的法律环境和社会环境,促进其顺利发展。它主要强调以下几点。

(1)完善非物质文化遗产的认定程序。国家权威部门需要建立科学合理的评估标准,按照其价值的大小,分别建立国家级、省区级、县市级的非物质文化遗产名录体系的数据库。

(2)协调和监督保护工作的进行,防止开发性和建设性破坏。

(3)加强对非物质文化遗产的整体性保护。非物质文化遗产是一种活态的历史,因此对非物质文化遗产的保护实际上是对其所赖以生存的原生态的保护。

(4)设立专项基金,建立资金保障制度。非物质文化保护需要大量的资金投入,尽管各国都是以政府的财政拨款支持,但是也应该努力挖掘社会各界力量,建立专项基本。

(5)注重对传承人的保护。传承人在非物质文化遗产的延续中起着关键作用,因此政府应为传承人建立命名和保障制度,并提供一定的经济资助,比如设立专项的补贴,用于研究、扩展技能、艺能的经费。或者是给予一定的生活补贴,提高传承人的社会地位和身份,同时鼓励他们将技艺传给年轻人。

4. 对公权力的限制

有了权力就会滋生滥用权力的现象,要防止滥用权力,就必须以权力制约权力。在我国,监督主体权力分为国家监督和社会监督两大系统。

(1)国家监督

国家监督由国家权力机关、司法机关、行政机关依法实施,具有国家约束力,能够直接产生相应的法律效果。国家权力机关的监督主要通过立法监督和对法律实施的监督。

(2)社会监督

社会监督主要是国家机关系统外部的个人、组织对行政主体行使职权和国家公务员遵纪守法的情况实行监督。社会监督要求政府信息公开,保障公众的知情权。非物质文化遗产与文化安全、民族感情等公共利益密切相关,公众有权力对非物质文化遗产保护工作进行监督。

(二)行政法保护的主要方式

非物质文化遗产的保护工作浩大而复杂,它涉及我国文化的多样化发展、社会的经济发展、民生民权等诸多方面的内容。同时还包括普查、整理、鉴定和研究、继承、传播、发展等。

1. 开展普查工作是前提

非物质文化遗产具有活态性特点,因此其不具有传统意义上的固定形式,它是以一种无形的、动态的形态进行发展与传承。这就为普查工作带来困难,它首先表现在对形态各异的非物质文化遗产的识别和判定工作,需要花费大量的时间搜集和考证。普查工作的目的是了解非物质文化遗产分布、数量和传承的情况,从而可以有针对性地开展保护工作。

普查工作既要做到科学全面,真实地记录、分类、建档非物质文化遗产的面貌,采用录音、录像等手段,对散落在民间的优秀的文化遗产进行及时地识别和保存。将一些濒危的非物质文化遗产转变为有形的形式,并采取及时的抢救工作。特别需要注意的是,要重点对各类非物质文化遗产形态和作品及优秀的传承人进行调查、登记、建档工作,并按照全国统一编码进行登记并分级建档。政府应该定期组织全国范围内的普查,动员相关机构、团体和个人的力量,发动社会各方面的力量,从意识态度上加强对非物质文化遗产的识别和保护意识,同时以公共财政作为后盾开展普查工作。

2. 建立完善的各级非物质文化遗产名录体系

在普查工作进行的同时,还要明确保护措施和保护重点。非物质文化遗产种类繁多,形式多样,其价值和生存状态千差万别,因此对它们的保护方式和手段也各有不同。对于形态特别、分布随机,无法进行统一集中管理的非物质文化遗产,需要建立明晰的名录体系,在国家财政十分有限的基础上,进行分级管理,这是对非物质文化遗产进行区分、认定和保护的重要前提。比如建立国家级、省级、市级、县级的分类体系,对国家保护资源进行合理分配,使各级政府对其行政区域内的非物质文化遗产开展有重点、有系统的保护和管理工作。

3. 认定和命名传承人

促进非物质文化遗产的传承和发展,对传承人的保护非常关键。非物质文化遗产以其特殊的形态存在,主要与其传承方式有关,或者是口传心授、父子、师徒等非常个性化的方式进行代际传承,而只有传承人掌握着该非物质文化遗产的全部内容与形式,一旦传承人断代或者后继无人,就面临着该非物质文化遗产的消失。因此,对传承人的保护需要从国家的行政层面进行,通过认定和命名的形式,给予其一定的经济资助,对该非物质文化遗产的研究、发展和传承进行保护。或者对于一些生存艰难的传承人可以给予生活补助,包括医疗特殊补助和生活津贴等。与此同时,通过命名还可以给传承人一定的精神意义,使他们具有荣誉感和自豪感,从而对传承起到促进作用。

4. 保护文化生态环境

非物质文化遗产的存续依赖于特定的人文环境,因此,对非物质文化遗产的保护与物质文化遗产保护方式不同,需要从其生存环境和人文环境着手加以保护。有些地区仍然保留着相对完整和原始的民族风俗和独特的艺术表现形式,与周围的环境息息相关,成为人们生活的一部分,从而形成一种独特的文化表现,假如为了保护而将其与环境割裂,则会起到事与愿违的作用。因此,对于这部分非物质文化遗产的抢救和保护,政府应尽可能保护与之相关的生态因素,应采取立体的方式进行保护,将这种文化生态与现代生活进行有机的衔接,使其保留原生态的同时也逐渐产生适应现代社会的生存能力,使之为活着的文化。我国目前已经通过命名特色文化艺术之乡,建立民族文化生态保护区,对非物质文化遗产的保护设立安全的屏障,将非物质文化遗产的真实状态保存在其所属的环境之中,使之成为活的文化。

5. 重视人才培养和学术研究

非物质文化遗产的抢救与保护需要精通专业理论且具有实践经验的专家和专业人士的指导。然而人才需要长期的培养,由于开展非物质文化遗产的保护工作时间不长,我国在这方面的相关人才储备还存在明显的不足。对此,政府应该加快对这方面人才的培养,可以将非物质文化遗产纳入学校教育体系,开设有关非物质文化遗产内容的课程,提高民族文化素质,塑造民族性格,让学校成为非物质文化遗产传播与人才培养的基地。同时,通过正规的学校教育,培养更多传承、保护、管理非物质文化遗产的各层次传承人和专业的保护人才,并鼓励专家、学者开展各种学术研究,为非物质文化遗产的评估和保护工作提供科学依据。可以在社会上开展传承和培训活动,对有志于投入非物质文化遗产传承和保护的社会人员进行系统的、专门的培训,加强保护工作从业人员队伍的建设,才能保证科学、合理地开展非物质文化遗产的保护工作。

6. 提高全民保护意识

对非物质文化遗产的传承和保护是属于全民族的责任和义务,在政府的主导下,应该提高整体国民的保护意识,营造非物质文化遗产生存和发展的良好环境。比如可以开展广泛而深入的宣传和展示活动,组织大规模展演活动、设立文化遗产日，等等。同时加强舆论宣传，让广大群众认识到非物质文化遗产对国家文明、经济、历史、文化的重要意义，调动广大群众的积极性和民族荣誉感，从而认识到其保护的重要性，增加保护意识，在全社会形成保护非物质文化遗产的氛围，使每位公民都能为中华民族优秀的文化遗产而自豪，从而珍惜保护它。

7. 协调开发与利用

对非物质文化遗产的最佳保护方式，是让它们的生产产生社会价值，从而可以健康地延续和传承下去，而非依赖于国家的行政干预对其进行"特殊照顾"而存活，非物质文化遗产本来就产生于各种生活与生产实践中，它们的许多手工技艺都具有很强的实用性，可以产生相应的经济价值。因此，在保护的过程中，应该充分地利用和发挥其自身的特殊价值，让民间艺术在当今社会的独特性得到最大限度的发挥，成为现代生活的一种补充，这本身也是文化多元的现实体现。因此，在市场经济背景下，部分非物质文化遗产可以进行适当的开发和利用，发挥其潜在或应有的价值，将非物质文化遗产中有条件的文化遗产转化成文化生产力，为非物质文化遗产带来持久的、有深厚基础的传承。由于非物质文化遗产本身内涵的丰富性，以及它所体现的民族性、多样性、活态性，决定了行政手段对它的保护也是多种多样的。同时需要注意的是，在开发利用中，要以发展为前提，不能为了发展经济效益而对非物质文化遗产造成破坏性伤害，那样会本末倒置，违背初衷。

(三)对传承人的特别保护

如前所述，传承人是非物质文化遗产的核心载体，是非物质文化遗产得以口耳相传、口传心授的关键环节，可以说传承人是非物质文化遗产真正的灵魂。那么，对非物质文化遗产的保护，除了对生态的保护之外，对传承人的保护也具有格外重要的意义。非物质文化遗产的保护和传承需要付出很大的经济代价，在国际社会上，国外政府采取给予传承人经济上的补助与相应激励措施。但是仅仅是经济方面的资助显然是不够的，还需要相应的保障机制、激励机制以及利益分享机制。

1. 认定机制

传承人的认定机制是对非物质文化传承人保护的前提。对传承人认定在建立认真分析传承特点和方式的基础上,明确传承人和传承的认定范围、标准和程序、相关的权利义务。

2. 保障机制

对于无经济收入来源、生活的确有困难的传承人,所在地的文化行政部门应积极创造条件,并鼓励社会组织和个人进行资助,保障其基本生活需要。各地方也应因地制宜采取积极的措施,解决传承人的经济困难,保障传承人的生活。

3. 激励机制

面对某些项目后继无人的情况,制定一系列激励机制,鼓励传承人积极开展传承工作,对传承人的激励包括精神鼓励和物质奖励。比如,通过授予非物质文化遗产项目的传承人一定的荣誉称号,给予其精神上的满足,提高社会地位,并且给予一定的物质方面的鼓励,提高其履行传承义务的积极性。

4. 利益分享机制

利益分享机制就是在对非物质文化遗产保护进行的一系列活动中,所产生的利益应由利益创造者和创造利益的相关贡献者共同分享。他们包括具体实施创造活动的非物质文化遗产的传承人及其族群或者社区,还包括对其进行资助、多活动进行管理的基金组织等。利益的产生是利益创造者和创造利益的贡献者共同努力的结果,因此双方应共同享有对利益的分享权。

第三章　民族传统体育文化与民族
传统体育非物质文化遗产

　　民族传统体育文化是在中华民族长期生产生活实践中积累起来的有着丰富内涵和深厚底蕴的文化形式，其包含民族价值认同、民族精神传承、民族向心力凝聚等深层内核，在中华民族传统文化的历史发展中产生了巨大的影响力。民族传统体育中有些项目被列入非物质文化遗产名录，成为重点保护对象，保护这些民族传统体育非遗项目对传承与弘扬民族传统体育文化具有重要意义。本章主要对民族传统体育文化及民族传统体育非物质文化遗产的基本理论知识进行阐述与分析，主要内容包括民族传统体育文化的本源与变迁、丰富内涵；民族传统体育非物质文化遗产的内涵与特质、文化阐释以及重要价值。

第一节　民族传统体育文化的本源与变迁

一、民族传统体育文化的本源

(一)民族传统体育的文化原点

　　不同地区、民族的文化具有一定的差异性，这在很大程度上是受自然环境因素影响的结果，基于对文化差异性的考虑，学界在关于人类文化起源的研究中，常常提到三个起源说，分别是农耕文化起源说、游牧文化起源说和商业文化起源说。我国因为地理环境的特殊性，决定了中华民族文化主要源于农耕文化。我国地形多样，气候宜人，雨量充沛，较为宜居。独特的自然环境是我国生产生活方式建立在农业文明基础上的主要原因。农耕文明是中华民族文化形成的重要基础，农耕文明的代表是渔樵耕读，人们精耕细作，自给自足，在长期的生产生活中形成了勤劳质朴、自强不息、节俭吃苦的文化精神，但也存在重农轻商、性格胆小等问题。在这样独特的文化环境下，中华民族传统体育也形成了崇尚"天人合一""人与自然和谐统一"等独特的文化特征。我国从农业劳动中孕育的民族传统体育项目有很多，如苗族在采野果的劳动中创造了"走独木桥"项目，黎族在伐竹劳动中创造了"跳竹竿"项目。我国民族传统体育文化崇尚人与自然和谐统一，因此不提倡向大自然发起挑战，或征服与战胜自然，这个文化特征不同程度地体现在传统武术、赛龙舟、舞龙等诸多项目中。中国传统文化是中国武术起源与发展的重要理论基础，中国传统文化中的一些重要道德思想如谦虚谨慎、自强不息、天人合一成为武术技击原理和修炼方法得以形成的重要文化来源。祭祀文化是赛龙舟、舞龙等传统体育项目的源头，开展这类项目有祈求风调雨顺之意。

中华民族文化体系具有内陆性，以儒学为基点，这是受我国封闭的农耕经济形式的影响而形成的。中华民族受儒学影响而形成了独特的价值观，如以"仁"为核心、"中庸之道""三纲五常"，这种价值观在人们的生活特征、处事特征以及行动特征中都能体现出来，分别表现为"不做过分要求"（人格上的君子）、"唯祖训是从"（思维上的中庸）、"安居中游"（行为上的礼仪之道），这也对民族传统体育文化造成了影响，如民族传统体育的思维方式与西方体育文化截然不同，表现为"重过程、轻竞技"。

（二）影响民族传统体育文化起源的社会结构

传统社会文化形态的主要特征是家国一体、家族本位，这是由我国的社会结构所决定的，而我国社会结构的形成又是以农业文明为基础的。在农业社会环境下，家庭既是生活单位，也是生产劳动单位。农业社会中的家庭不局限于狭义的一家一户，而是向"家族"的范围辐射与延伸，血缘关系是维系家族关系甚至是社会人际关系的重要纽带，所以有人说中国社会以关系为本位。费孝通先生以"差序格局"来形象地描述这种社会关系。中国社会结构的关系网很特别,以某个人为中心可以从近到远构建差序格局关系网络,该结构由内层的亲人关系、中层的熟人关系和外层的生人关系组成。我国传承民族传统体育文化,同样以宗法制度为基础,这集中反映在师徒传承中,而师徒关系是血缘关系的一种模拟形式。徒弟拜师有庄重而严肃的仪式,敬茶叩拜的仪式最为常见,正式拜师后才能进入师门,这才真正建立了师徒关系,"一日为师,终身为父"反映出这是一种模拟的血缘关系。在一段师徒关系中,师父不仅要将功夫传授给徒弟,还要教其如何做人,如何在社会上与他人共事,甚至徒弟的终身大事也是由师父把关和决定的。师徒传承有严格的谱系序列,这使民族传统体育文化的横向传承受到了制约,也使纵向传承受到了一定的影响。

(三)民族传统体育文化的传承力量

人类和动物有很多区别,精神世界就是其中一个区别,人类在长期的生产生活中摆脱愚昧无知,建立精神世界,逐渐开始崇拜外界事物,有了审美需要和审美能力。人类最早崇拜的对象是自然,自然万物被作为崇拜对象,如山川河流、飞禽走兽、花草树木等,后来出现了图腾崇拜,如崇拜狼、蛇、虎、鸟、熊等,图腾崇拜的出现是人类崇拜集中化的反映。远古人类认为人类起源与动物密不可分,每个崇拜的动物后面都流传着一个远古传说,图腾崇拜又促进了祖先崇拜活动的发展,远古先民的祭祀活动是其崇拜神灵的直观表现,为了敬奉神灵,人们也会模仿动物活动,从而促进了原始民族传统体育活动的产生。

中国原始崇拜的基本体系主要由自然崇拜、祖先崇拜和图腾崇拜构成,中华民族文化精神的形成也是以这些崇拜为起点的,基于这些崇拜和中华民族文化精神的影响,我国独有的民族传统体育文化逐渐产生。例如,舞龙运动的诞生与人们崇拜龙图腾息息相关,人们开展这项运动以祈求国泰民安、风调雨顺为主要目的;同样,舞狮运动的诞生与人们对狮图腾的崇拜有关,舞狮以祈求安康、驱逐凶气为主要目的;人们为了祭祀屈原而创造了在端午节开展的龙舟运动;傣族泼水节有祝福之意;蒙古族"那达慕"大会上举办的摔跤、骑马和射箭三项比赛被称为"男儿三艺",人们将胜利者视为英雄,给予崇拜之情;东乡族"耍火把"、侗族和壮族的"抢花炮"比赛都有祈求五谷丰登之意。

总之,在人类社会发展历史中,民族传统体育文化发挥了重要而特殊的作用,不管是横向传播还是纵向传承,充分发挥了图腾崇拜的精神力量,从而孕育了优秀的民族传统体育文化,促进了文化传承。

(四)民族传统体育文化的文化规训

人类依托各种各样的地理环境而生存,如海洋、岛屿、山地、平原、丛林、大漠等,我国是一个由多民族组成的人口大国,不同民族的自然环境、社会习俗、文化资源、图腾崇拜、生活习惯各有差异,因此形成了丰富且各具特色的多元民族文化。中华民族文化的多元性主要表现为各具特色的中原文化、巴蜀文化、荆楚文化、吴越文化、岭南文化、松辽文化、三秦文化等。不管是哪个民族或哪个地区的文化,都从属于中华文化,因此中华文化形成了整体态势,即"一体多元",这一特征同样体现在中华民族传统体育文化中。受不同地域和民族文化的影响,中华民族传统体育在各民族文化背景下形成了独特的文化表现形式,风格各异,绚丽多姿。

例如,蒙古高原地势平坦,水草资源丰富,北方少数民族依托这样的自然优势而过上了游牧生活,学会了摔跤、射箭、骑马等可被他们作为主要生存技能的技艺,蒙古族的男儿各个擅长这几项活动。亚热带地区有丰富的山林河谷资源,分布在这个地区的少数民族在这样的自然环境下掌握了攀爬、跳跃等技能,有很多传统体育项目由此衍生而来。

不仅不同民族地区的传统体育项目各具特色,同一类体育项目在不同地区也呈现出不同的风采,这与地域和民族文化差异息息相关。以武术为例,中华民族武术运动中拳种多达 129 个,在不同文化背景下形成的各种拳术的技击要领、文化规训存在这样或那样的差异。我国北方地势辽阔,人们身材高大,因此北派武术具有舒展大方、大开大合、窜纵跳跃的鲜明特点,而南方自然环境紧凑,人们身材较为矮小,这使南派武术形成了短桥寸劲、迅疾紧凑的风格特征。此外,不同武术流派受到不同地区宗教文化的影响而形成了不同特征,如少林武术以佛家文化为理论基础,武当武术以道家文化为理论基础,它们有明显不同的风格特点。

二、民族传统体育文化的变迁

(一)文化变迁的机制

民族传统体育文化变迁的机制主要表现在以下三个方面。

1. 涵化

涵化是文化变迁的一个重要机制。当一个较弱小的社会与一个经济水平高、文化繁荣的较强大的社会接触时,前者不得不接受后者的一些文化因素,建立在二者强弱关系基础上而产生的文化假借过程就是所谓的涵化。涵化的结果有多种不同的表现,常见结果如下。

(1)文化接受。

(2)文化抗拒。

(3)文化附加。

(4)文化丧失。

(5)文化融合。

(6)文化创新。

2. 传播(借取)

传播是文化变迁的另一个重要机制,这里的传播指的是具有双向选择性的传播或借取,不是单向的传播。

3. 创新

创新是文化变迁的第三个重要机制,它主要包含以下两种形式。

发现:对客观存在但尚未被认识的事物产生知觉的活动。

发明:将客观存在的物质、惯例以新的方式加以综合的活动。

需要注意的是,并不是所有的发现和发明都会造成文化变迁的结果,倘若社会忽视或埋没了某项发明,那么这项发明就不会给文化带来影响,也就不会发生文化变迁。

（二）社会变迁对民族传统体育文化变革的影响

文化变迁指的是"不论是一个民族内部发展的结果，还是两个具有不同生活方式的民族之间接触所引起的，在一个民族生活方式上发生的任何改变。"①文化变迁从根本上而言是文化的发展与创新，文化变迁中文化的整体性与结构性发生了变化，而这种变化又是以原有文化模式为基础的。在民族传统体育的发展中，不同民族之间的文化传播与交流互动提供了非常重要的动力。

社会变迁是文化变革的主要影响因素之一，社会变迁的历史包含了社会解构、社会融合以及社会再创造等一系列的过程。依附一定的社会环境及民俗语境而形成的民族传统体育文化有着强大的生命力，是生生不息的，而社会变迁改变了社会环境和民俗语境，民族传统体育文化随着其所依附的社会环境与民俗语境的改变而逐渐重组、融合。具体来说，社会变迁从以下两个方面影响了民族传统体育文化的变革。

一方面，社会变迁使社会环境发生了变化，进而改变了民族传统体育文化的功能与价值。例如，广受人民群众喜爱的武术运动是中华民族传统体育中最具代表性的典型项目，古代武术的发展主要受到了两个因素的影响，一是武术在冷兵器时代作为军事技艺发挥了重要的作用，如杀敌卫国、防身自卫；二是武术制度的实施促进了民间"习武热"的形成。武术的军事价值随着时代的发展而削弱后，它的发展领域逐渐从军队转向民间，健身价值越来越受重视，人们习武一定程度上也是为了满足自身的健身需求，价值的演变使传统武术从"打练一体"向"打练分途"转变，并逐渐产生了以打为主的武术散打和以练为主的各种武术功法、套路，这是社会变迁影响下出现的必然结果，是社会文化选择的结果，这一结果的产生也与我国借鉴西方技击类运动的竞技模式有一定的关系。

另一方面，社会变迁改变了民俗语境，依附特定民俗语境形成的民族传统体育因此而失去了根本生存条件。根植于特殊地理环境与民俗环境中而创造的民族传统体育项目必然会随着生存土壤的变化

---

① 苏航.民族传统体育文化传承创新研究［M］.南昌：江西科学技术出版社，2017.

而发生变革。例如,我国武术运动、龙狮运动都是在一定的民俗语境下发展与传承的,如古人"忙时种田,闲时造拳",创造了丰富的拳术文化;人们在特定节日或仪式中举行舞龙、舞狮运动,有祈求风调雨顺、国泰民安之意。随着中国社会的变迁(乡土社会→城市社会)和城市化进程的加快,乡土气息渐渐消失,民族传统体育所依附的原始土壤和民俗语境也随着不复存在,民族传统体育文化在这种情况下必然会发生变迁。

第二节　民族传统体育文化的丰富内涵

民族传统体育文化包含民族传统体育物质文化、民族传统体育制度文化以及民族传统体育精神文化三个方面,下面从这三个方面来解析民族传统体育文化的丰富内涵。

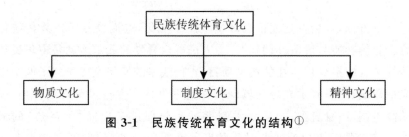

图 3-1　民族传统体育文化的结构①

一、民族传统体育物质文化内涵

(一)时空条件

联合国教科文组织在强调非物质文化遗产保护时常常使用文化空间这个专有名词。从文化空间的自然属性来看,其指的是具有物理、地理空间并具有景观价值(宗教寺庙、文化广场等)的独立文化场所。从文

① 谭达顺.新视角下中国民族传统体育文化内涵、历史发展与趋势的再研究[J].黔西南民族师范高等专科学校学报,2008(01):62-67.

化空间的文化属性来看,其表现形态主要有周期性的民族民间节日、文化交流场所、民间集贸市场及盛大的运动会。民族传统体育借助文化空间这个重要形式和载体得以保留。众所周知,民族的节庆文化是民族传统体育活动产生的重要根源之一。在民族民间节日期间,举办丰富的传统体育活动,人们聚集在一起参与一些文体活动。

场地、器材和时间是民族传统体育的重要时空条件,它们的变迁会影响民族传统体育项目的开展,但不会改变项目的属性。现在,民族传统体育影响的范围越来越广、越来越深远,各种体育运动项目都具有独特的且比较合理规范的场地设备和器材。需要注意的是,器材的变化和发展不是没有规律的,也不是无止境的,它受到项目内在规则、技战术发展的影响以及社会经济、文化和科技发展的制约,器材的变化也是民族传统体育文化进化的表现。

(二)民族服饰

民族传统体育项目特有的民族服饰体现了民族传统体育文化的物质内蕴,这在少数民族的传统服饰中体现得更明显。少数民族服饰是民族的符号,一个民族内部的成员通过民族服饰而相互认同,并与其他民族的人相区别。例如,蒙古袍和蒙古靴是蒙古族人民的特有服饰,旗袍、高底花鞋是满族人民的特色服装等。这些独特的服装往往会给人们留下深刻印象,这成为人们识别不同民族的一面旗帜。民族传统体育表演的服饰强化了民族传统体育中的动态形象美,扩大了表演项目的表现力,充分彰显了民族文化的魅力。

(三)动作技术

动作技术作为人类技术的重要组成部分之一,是促进民族传统体育项目形成的基础。人类在多年的运动实践中经过不断总结才创造出一系列技术方法,可见动作技术并不是轻易形成的,也不是主观随意造成的。在创造动作技术时,必须分析人体运动的规律及科学原理,从而使人们通过完成动作技术而发挥自身的潜力,合理完成动作。运动形式的变化会导致运动属性的变化,这会弱化运动项目原有的文化特征。

二、民族传统体育制度文化内涵

(一)礼仪规范

古代"礼仪"主要指典章制度和道德教化,是人类社会交往中应有的礼节和仪式,"礼"顾名思义就是礼节,"仪"是人的容貌举止的意思。在社会交往中,人们一般都是通过一定的礼仪规范来表达自己待人接物的尊敬之情的,不仅是古代,现代人同样如此。礼在社会人际关系的发展中是非常重要的调节器和润滑剂,在相同价值观念和社会心理的支撑下,"礼"不断传播与传承,不断发挥维护社会稳定、调节社会关系、构建和谐社会等方面的作用。

我国礼仪文化自古有之,因此有"礼仪之邦"的美称。我国古朴、淳厚的优良礼节和习俗多保留于少数民族的日常生活中。这些礼俗代代相传,对后代人具有潜移默化的教育作用。

事实上,不仅中华民族重视礼仪规范,世界各民族各地区都很重视,只是礼仪内容的表现形式不同。中华民族传统体育中蕴含着丰富的礼仪文化,以武术为例,古代武术的传承方式主要是师徒传承,师父身传口授,因此历来就有尊师的美德。由此流传着"尊师要像长流水,爱徒要像鸟哺雏""徒弟技艺高,莫忘师父劳"等拳谚。武术中的礼仪规范要求习武者要以理服人,不能恃强凌弱。因此,通过礼仪教育不仅可以培养人们的文明习惯,还可以使人们接受礼仪背后的价值观,形成自我认同,进而强化社会认同。

(二)制度规范

1. 相关制度

民族传统体育制度文化中居于核心地位的是制度规范。体育规范是体现体育意识形态的最直接的外在形式。经过一定的制度规范程序,国家体育管理层逐渐认可原本具有社会意识属性的体育规范,这样其就具有了国家意志的属性,体育参与者要严格律己,遵守体育规范,否则就违背了国家意志。

2. 竞赛规则

在民族传统体育形成之初,很多项目的举办都没有组织性,而且规则不明确,比赛也比较简单、粗糙,不规范,难以裁判,这些问题制约了民族传统体育的传播与发展。随着民族传统体育的不断发展,很多项目的竞赛规则逐渐被制定出来,这有效促进了民族体育的规范化发展,提高了民族传统体育的发展水平,促进了民族传统体育文化的广泛传播。

3. 协会组织

民族传统体育运动协会是民族传统体育制度规范的重要组成部分,其在民族传统体育的发展中发挥着举足轻重的作用。民族传统体育运动协会组织的职能与作用主要表现在以下几个方面。

(1)挖掘民族传统体育项目,进行科学鉴评。

(2)组织民族传统体育比赛,协助有关部门培训民族传统体育人才。

(3)组织民族传统体育表演活动和相关竞赛,参与国内外民族传统体育交流活动。

(4)合理开发民族体育文化产业资源,提高开发效率。

(5)创编民族传统体育项目,设计相关器材、服装等用品,满足民族传统体育参与者的基本需求。

三、民族传统体育精神文化内涵

民族传统体育精神文化内涵主要体现在以下几个方面。

(一)追求人与自然和谐、统一

受封建经济以及文化观念的影响,我国民族传统体育在"天人合一"的基础上较为客观地描述了人体运动过程中人体形态、机能、意念、精神以及这些状态与外部世界的联系。民族传统体育注重人与自然的和谐统一,而不是单方面的发展,其中较有代表性的项目有太极拳、气功等,它们都追求"心灵交通,以契合体道"。

在"天人合一"观念的影响下,人们在民族传统体育习练中,一般采取基本功练习与完整练习相结合的方法,反映了中华民族追求平衡和顺其自然的主体化思维方式。这种思想和观念在克服西方科学主义"主客之分,身心两分"所带来的科学危机中起到了重要作用。需要注意的是,我国对传统体育的健康价值的研究还不够深入和全面,这一点应该引起相关专家、学者的重视,在"阴阳平衡"的基础上进一步研究民族传统体育运动对于健康的意义,从而追求更高意义上的人与自然的和谐、统一。

(二)以群体本位为主要价值取向

尊尊亲亲的宗法观念在中国传统文化中占统治地位。中国是一个历史悠久的国家,传统思想根深蒂固,传统文化影响深远。传统文化以家庭、家族为本位,把尊尊亲亲的价值观念扩大和延伸到整个社会群体中,从而造成了中国传统文化以社会群体为本位的价值取向。受此影响,以个人为基础的竞争在传统体育中得不到充分发展。民族传统体育项目大部分是表演性、娱乐性的项目,即使有竞争,也往往是群体基础上的竞争。①

(三)深刻的民族情结与心理特征

我国民族传统体育的民族心理特征主要表现在以下几个方面。

(1)在体育原理方面主要表现在中华民族追求平衡与顺应自然的主体化思维方式上。

(2)在技术特点方面,主要是反映中华民族以智斗勇、追求技巧的审美心理。

(3)在竞赛规则方面,主要体现的是中国传统的比武具有表演性特点,动作规定和比赛规则没有具体化,在交手过程中要礼让为先,点到为止。

民族传统体育产生于人们的生产生活中,受到政治、经济等客观环境的制约,在一定程度上被生产关系包围并受其制约。人们的生产活动是民族传统体育产生的物质基础,而民族传统体育的文化成果都产生于以生产资料和生活资料为基础的物质劳动过程中,并以复杂文化体系的形式出现。民族传统体育中的意识、思想、观念等既是民族体育文化的组成部分,同时又反映出人类精神生活领域的文化。

––––––––––––

① 刘少英.民族传统体育学[M].北京:民族出版社,2011.

中国发展历史悠久,民族传统体育在传统的农业型经济、高度统一的中央集权制以及与此相适应的儒家文化的影响和作用下才逐渐形成了鲜明的特色和丰富的文化内涵,深入挖掘民族传统体育的文化内涵对传承与弘扬民族传统体育文化具有重要意义。

第三节　民族传统体育非物质文化遗产的内涵与特质

一、民族传统体育非物质文化遗产的内涵

民族传统体育文化被列入非物质文化遗产名录的内容都是历史非常悠久的文化财富,积淀了深厚的文化底蕴,具有鲜明独特且个性突出的文化特征。民族传统体育中的武术、气功、导引以及各少数民族传统体育、民间民俗体育的文化意蕴都极为深厚,是反映与体现中华民族发展脉络的重要载体。民族传统体育非物质文化遗产不仅仅是一种简单的文化形态,它还包含完整的价值体系和较为完善的行为模式体系,这些体系中的内容既有隐蔽的,也有外显的,十分丰富。民族传统体育非物质文化遗产是中国社会独具特色和个性鲜明的历史文化现象,承载着中华民族的人文精神和中华民族传统文化的价值取向,包含着中华民族历史长河中形成的社会规范体系,是非物质文化遗产中非常特殊且极为重要的组成部分。

二、民族传统体育非物质文化遗产的特质

我国民族传统体育非物质文化遗产(下面简称"民族传统体育非遗")在悠久的发展历史中呈现出以下几个鲜明的文化特质。

(一)民族传统体育非遗是中华民族生产生活实践的行为凝练

民族传统体育非遗依托特定的历史背景与文化土壤而形成,并在不

同的历史时期不断演变与发展,当民族传统体育非遗项目的技能发展较为成熟时,其蕴含的精神内涵和外在的行为模式将紧紧交融,从而产生能够充分反映出非遗特征的文化现象,而且这种文化现象的存在与发展都是具有独特性的,不依附于其他社会文化。

(二)民族传统体育非遗是形式特殊的身体活动方式

民族传统体育非遗从形式表现来看原始而古朴,在其漫长的发展历史中形成了鲜明的特征,并基于这些特征而与其他文化紧密联系,甚至是相互依存,难以分割。从根本上来看,民族传统体育非遗的形式与现代体育无异,都是以身体活动方式为主,而且身体在运动中承受一定的负荷,消耗一些能量,但运动后能量可基本恢复到运动前状态,而且参与主体在身体活动中会产生愉快的体验。民族传统体育非遗项目像现代体育一样可以促进人身体健康。所以说民族传统体育非遗是以身体活动为主要内容,具有隐性民族文化精神和显性健身特征的特殊身体活动方式。民族传统体育非遗兼具内隐的文化价值和外显的健身价值,无形的中华民族传统文化主要依靠外显的身体活动而传承与发展。

(三)民族传统体育非遗是多元文化的综合形态

民族传统体育非遗从形成之初就与周围文化相互联系,相互作用,相互融合,形成了多元文化的综合形态,构成了一个较为自由的文化系统,在这个系统中不同的文化之间可以相互交换信息。民族传统体育非遗是多种文化象征相互结合后的综合再现,它存在于繁荣的中华民族文化背景下,是独具中华文化特色的文化现象,它不是处于孤立的位置,也并不孤独。

三、民族传统体育非物质文化遗产的固有特征

(一)原生性

我国民族传统体育非遗活动的起源与生产劳动密切相关,劳动人民

创造了民族传统体育非遗,他们不造势,不炫耀,默默守护着这些财富,这是劳动人民体力劳动与脑力劳动的结晶,是辛劳与智慧的凝结。从民族传统体育非遗的形式来看,它们"天然去雕饰",淳朴自然,从民族传统体育非遗的内容来看,它们来自人们的日常生产劳作与生活情景中,是自然而然的原生态形式。具有原生性的民族传统体育非遗在传承原始中华民族精神方面发挥着举足轻重的作用。

(二)民俗性

一些民族传统体育非遗活动多出现在一些民族民间的节庆仪式中,如端午节的赛龙舟、春节的舞龙舞狮以及重阳节的登高等,具有周期性和仪式感,或为祭祀祖先,或为庆祝丰收,或为祈福平安,等等,总之都有特定的意义与目的。远古时期的体育活动与劳动、祭祀、宗教等活动密切关联,不仅原始,而且充满神秘感。在我国少数民族的一些传统体育总是以特定的民俗现象为依托而存在。萌芽期的传统体育具有自发性和不定期性,后来受宗教节日、祭奠仪式等民俗因素的影响,一些传统体育活动的开展时间、地点以及实施程序渐渐固定下来,而且以集体性活动为主,这类活动的群众基础良好,易于开展和传播,与民俗文化关系密切的民族传统体育非遗项目也渐渐具有了民俗性,成为在特定节日举办的大型民俗活动。例如,蒙古族"那达慕"大会上的射箭、骑马、摔跤活动;壮族三月三的抛绣球活动;侗族的花炮节等,这些节日民俗活动乡土气息浓郁,民族风格鲜明,文化色彩浓厚,大力保护与传承这些非遗项目,对中华民俗文化的发展也大有裨益。

(三)群体性

民族传统体育非遗起源于人类的生产生活实践活动,一些非遗项目不管是创作还是参与都是由多人共同完成的集体行为,体现了公共观念,可见民族传统体育非遗具有鲜明的群体性特征。这一特征促进了民族传统体育文化认同,而且这种文化认同是集体在意识层面上的深层认同。每个民族的人民都从思想意识上认同自己的族群,这首先从族人与族群的血缘关系中体现出来,其次从族人对族群的依附中体现出来,这种依附也包括文化上的依附,也就是文化认同,这是思想观念层面的认同。族人的血缘、文化学习、文化精神、文化底蕴等都体现了族群文化的特性。民族传统体育是族人在长期的族群生活中创造出来的集体性生存技能或休闲娱乐的生活方式,从民族传统体育中能够发现族人对自己民族的高度认同,而且这种文化认同在民族传统体育中体现得非常直观,非常淋漓尽致。基于民族文化认同而创造的民族传统体育是丰富多样的,因为不同民族的文化风格不同,因此每个民族的传统体育是区别于其他民族的。民族传统体育文化认同也是一个民族的人民对本民族集体的生存生活方式的认同,民族传统体育活动出现在民族的节日仪式中,是全民族共同的集体性娱乐方式,为族人提供了集体的生活空间,将全民族人民紧紧联系在一起,产生强大的民族凝聚力。

非遗的创造者、传承者和享用者都是非遗的主体,从这个角度来看,个人的个性化创造要想成为非遗的组成部分,必须要向集体形态和集体传承演进与过渡。作为人民大众的休闲娱乐方式,民族传统体育具有重要的社会整合功能和教育功能,尽管因为不同民族的社会环境和风俗习惯不同,而且被族人赋予的文化意境和精神依托也不同,但有一个相同点,那就是各个民族的传统体育都凝聚了族人的集体力量,民族凝聚力极强,这种凝聚力使族人在参与过程中产生一种依附感和归属感,而且族人在参与中相互认识、理解、帮助,建立良好的关系,有助于社会和谐安定。

(四)活态性

活态性是非遗的基本特征之一,民族传统体育非遗作为非遗的一部分同样具有这个特征。从根本上来说,非遗活态性的"活"是从民族灵魂上体现出来的,民族灵魂包括民族心理和民族精神,这是创造非遗的民族在长期的生产生活实践中凝聚而成的。

民族传统体育非遗的活态性特征从以下两方面体现出来。

1. 民族传统体育非遗创造主体的"活态"性

民族传统体育以身体活动为主要内容,所以说民族传统体育文化其实是一种"身体文化",人们通过自己的身体活动而直观地展现与传达民族传统体育的文化内涵,如人们在武术运动中通过身体和四肢各部位的协调及内在心、气、意的协调以及内外的协调而达到"内三合,外三合"的要求。

2. 民族传统体育非遗在传承与传播中的变异与创新

民族传统体育随着各民族之间的频繁交往及民族文化的传播扩散而发生变迁,在变迁过程中不同民族的传统体育相互融合,甚至有些民族的传统体育随着民族的对外开放而出现了异质文化色彩。随着民族经济的不断发展,传统自然经济逐渐被市场经济取代,而民族传统体育是在传统经济的基础上形成与发展起来的,社会经济发生变革后,民族传统体育要继续生存和更好地发展,也必然要通过自身的改变来适应经济环境的变革。

我国是多民族组成的国家,不同民族都有丰富的传统体育资源,所有民族的这些资源加起来构成了庞大的民族传统体育系统。各民族的传统体育项目有的传播广泛,有的只流传于民族内部,而有的则濒临消亡或已经消亡,不同的民族传统体育项目之所以有不同的命运,与各民族的自然地理环境、人文地理环境的影响有关。为了使民族传统体育非遗能够源远流长,代代传承,必须深入理解它的活态性,并对活态化传承机制予以建立,进一步加强保护力度。

(五)完整性与独立性

1. 完整性

民族传统体育非遗具有完整性特征,完整是指民族传统体育非遗活动程序完整,非遗物质载体没有很大程度的残缺与损坏,能够将承载的文化信息、文化内涵充分反映出来。在我国民族传统体育非遗中,有的项目的物质载体工艺高超,与非遗创造初期相比有了飞速的进步,而且创造者的思想意识也越来越先进,能够有意识地创造民族传统体育精品文化,这不仅说明民族传统体育非遗在物质上是完整的,在精神上也完成了传承民族文化的使命。现在,我国民族传统体育非遗不管是技术层面,还是艺术层面,都达到了很高的水平,而且经过长期的积累与沉淀,技术与艺术的契合程度越来越高,也达到了一定的深度。从艺术鉴赏视角来看,民族传统体育非遗越完整,就拥有越强的艺术感染力。

2. 独立性

对大众来说,越是相似的民族传统体育非遗越没有吸引力,他们对这类民族传统体育没有探索的兴趣和参与的欲望,而越是独特新奇的、独立的、不可重复和没有被复制的民族传统体育非遗越受大众的喜爱,这类民族传统体育项目不仅风格独立,活动程序独立,而且内在精神也是相对独立的,它们的艺术价值很高,对大众更有说服力和吸引力。

(六)传承性

作为中华民族传统文化发展的宝贵财富,民族传统体育非遗主要是靠其自身的传承性而经历漫长的历史变迁发展至今的。民族传统体育非遗的传承性既有显性表现,也有隐性表现。

从显性传承来看,主要表现为动作形态传承、动作方式传承、运动技能(技巧)传承等方面。

从隐性传承来看,主要表现为民族传统体育非遗内在价值观念传承、民族精神传承、文化审美传承等方面。

民族传统体育非遗中隐藏着民间习俗、民间故事、民族精神,随着民族传统体育非遗项目的传承,这些背后的重要组成部分也传承下来,体现了显性传承与隐性传承的有机融合,也反映了显性活动项目与隐性文化精神的共同发展规律。

近年来,民族传统体育非遗保护受到了政府与社会的重视,政府开展了多项保护工作,取得了可喜的结果。我国还采用运动会机制来保护民族传统体育非遗项目,即通过开展民族传统体育运动会的方式来设置一些非遗项目的比赛,通过全国比赛而进一步传承民族传统体育非遗,为其健康持续发展注入新鲜的血液,提升民族传统体育非遗的顽强生命力。

第四节　民族传统体育非物质文化遗产的文化阐释

一、民族传统体育非遗汇聚了民族的性情

我国民族传统体育非遗不仅是一种肢体活动的范式体系,而且在身体活动中蕴含着丰富而深刻的民族文化内涵,其中包括人们对社会、对

生活的理解与态度,是表现民族性情的重要载体。

(一)蕴含了民族的勇猛性情

勇猛顽强在中华民族精神性情中是具有普遍性的行为要求,只有技艺熟练,才能从中展现勇猛顽强。因此,我国许多民族传统体育非遗项目首先要求人们"勇"过于"巧",在"勇"中突出"巧"。例如,武术的各种攻防格斗技术要求参与者性情勇猛。再如,哈尼族人打石头架是一种集体性对抗活动,以土块为主要掷物,由于对抗距离近,参与者力量有大有小,所以这项活动在举办中人们经常陷入混战,参与者要靠自身的胆量、勇气才能取胜。

(二)蕴含了民族的机智性情

人们在特定环境与条件下参与民族传统体育活动,除了要有勇猛精神和过人胆略外,还要有聪明才智,以智取胜。在短时间里运用智巧战胜对手是非常重要的。各种机智、精巧的运动方式充分反映了中华民族机智的审美心理特征。例如,武术格斗中有很多技巧充满机智因素,如在攻防时机的把握上要求实践者机智灵活。

摔跤这项民族传统体育非遗项目是斗智斗勇的项目,当活动双方在体重、身型、年龄等方面相近时,技巧和体力不会占据明显优势,而且运动规则中限定了场地范围和允许做的动作,所以人们要凭经验,用机智巧力去战胜对方。在摔跤运动的悠久发展史中,人们创造了绊脚、斜抢、猛摔、近身、搂肩等智勇双全的技术。如果摔跤手只用猛力,没有技巧,那么其很难成为优秀的摔跤手。

二、民族传统体育非遗高度凝练了中华民族精神

在我国民族传统体育非遗中,参与者在活动过程中隐含着诸多中国文化精神内涵。我国注重借用体育比赛的方式展现中华民族精神,体育活动方式中有中华民族崇尚的各种观念,这使我国民族传统体育非遗的运动形式充分彰显了中华文化精神,当人们投身民族传统体育的实践中时就会感受到这些精神,并受到影响。当外国人参与中华民族传统体育活动时,能够感受到中华民族文化的博大精深。

武术是中华民族的瑰宝,形成了丰富的内容体系,不同内容中都不同程度地包含着中华民族精神及民族文化内涵,如以和为贵、弘扬武德、点到为止等。我国民族传统体育非遗的魅力也来源于项目的比赛活动,在比赛中隐含的中华民族精神通过精彩、激烈的身体动作表现出来。

总之,我国民族传统体育非遗项目中隐藏着深厚的中华民族精神,在项目传承中也要将这些精神传承下来。

三、民族传统体育非遗展示了独特的运动方式选择机制

(一)民族传统体育非遗的活动形式具有浓厚的地理环境特征

参与民族传统体育是人们社会生活中的重要内容之一,民族传统体育非遗项目的产生与发展本身就和人们的生活环境密切相关。在高山密林地区居住的人群以狩猎、采集为主要生活方式,他们攀爬高山峭壁,将此作为基本生活技能。因而这些地区的民族传统体育非遗项目以攀登、射箭等为主。在半山居住的民族地理环境多样,生活内容丰富,这类的民族传统体育非遗项目也丰富多样,如摔跤、赛马、荡秋千、打陀螺等。①

不同地域的人群擅长的民族传统体育项目和日常身体运动形式与他们的生存环境有很大的关系。随着社会的进步,不同区域的文化交流日趋频繁,民族传统体育非遗的技艺传播逐渐打破地理环境的限制,人们在交流技艺的过程中使民族传统体育非遗项目形式由单一向多样化发展,这种多样化发展趋势将越来越明显。

(二)民族传统体育非遗的活动时间与生产方式密切关联

各个少数民族在每年的不同月份几乎都有较为固定的体育项目活动,这些活动与他们各自的生产方式的独特性有着密切的关系。每个民族中除了较为固定的具有信仰意义和纪念意义的活动外,通常传统体育活动的开展时间都受到生产方式的影响,农忙时稀少,农闲时集中,节庆时较为隆重,无节时比较随意。

---

① 杨柳.体育类非物质文化遗产研究[M].北京:科学出版社,2016.

例如,哈尼族是聚居半山的民族,一年可分为冷季、雨季、旱季三个季节。依照农耕方式,他们在一年中的冷季、雨季是"农闲期",这两段时间是举行民族传统体育活动最多的时候。

(三)民族传统体育非遗的内容与中华民族的信仰联系密切

我国民族传统体育非遗中许多项目都与信仰密切联系,不可分割。有些项目直接就是为了形象化地再现信仰中的某个具体内容,或是表达人们对某个重要人物或重要事件的怀念,如为了纪念屈原而在端午节赛龙舟,这就是与信仰密切相关的民族传统体育非遗项目。

(四)民族传统体育非遗项目中有适合不同年龄层次的运动方式

民族传统体育是普及性很强的群众体育活动,人们依据自己的身体状况、生活习惯以及兴趣爱好选择适合自己的运动方式。这种选择多体现在不同年龄层次间的项目转换上。

不同年龄的群众选择运动方式时,随着年龄的变化而发生兴趣的转移,简单分析如下。

少年喜欢游戏类的活动,如跳绳、跳木马、滑草、布球、翻跟斗等。这类活动的特点是身体灵活,思维成分不复杂,时间短,对体力消耗不大,但有趣味性。

青年人喜欢参加打靶、赛马、抛球、打陀螺、荡秋千、高跷、丢窝等活动,这类项目具有集体性、娱乐性,适合喜欢社交的人。

壮年人喜欢武术类、球类、棋类、攀爬、马术、射击、赛龙舟等活动。这一个年龄层的群众社会阅历广,生活经验丰富,身体素质良好,是参加民族体育活动的中坚力量。

人到了50岁以后,随着体力的减弱,运动时间逐渐减少,喜欢参与的传统体育运动有拳术、布球等。这类活动运动量较小,时间性不强,多是集体性活动,适合体弱的老年人。①

---

① 杨柳.体育类非物质文化遗产研究[M].北京:科学出版社,2016.

四、民族传统体育非遗活动体现了人的欢脱之情

人们参与民族传统体育活动,不仅是为了身体健康,施展能力,也是为了能使心情愉悦,这体现了我国民族传统体育非遗的重要功能,这些功能也是其长期发展经久不衰的原因之一。我国民族传统体育非遗项目在抒发人们欢悦激情中有显著特点,那就是将肢体活动与音乐、舞蹈等艺术形式融为一体。民族传统体育非遗项目在群体参与中不但有娱乐功能,还具有社会交往功能,非遗活动的开展丰富了人们的社交范围,提供了新的社交手段,参与者按照相同的规则进行交流,无形中增进了友谊,为社会和谐欢乐做出了很大的贡献。

通过上述分析可知,我国民族传统体育非遗是具有多元功能的社会现象与文化现象。随着历史的发展、社会文明的推进,我国民族传统体育非遗的功能、内涵不断丰富,外延逐渐拓展。充分认识和研究民族传统体育非遗对于更好地保护与发展非物质文化遗产是非常重要的。

第五节　民族传统体育非物质文化遗产的重要价值

一、民族传统体育非物质文化遗产的文化价值的内涵

从人类文化学的角度对我国民族传统体育非遗进行审视,能够发现古朴的民族传统体育非遗所折射的文化线索具有重要的指向性,这具体从以下几个方面体现出来。

(一)民族传统体育非遗的文化价值源自社会文化价值

任何一种非物质文化遗产的诞生都是由社会母体文化所孕育的,在文化真空中诞生的非物质文化遗产是不存在的。民族传统体育非遗作为非遗的重要组成部分之一,同样从社会文化中孕育而来,这是民族传

统体育非遗最根本的特征,即文化根性,这也是其能够形成文化价值的根本原因。我国民族传统体育非遗的形成并不是由偶然的原始性体育元素所决定的,主要原因是民族传统体育文化本身就具有社会学,如果说民族传统体育文化的起源与发展单纯只是自然演化的结果,那么这是不科学的。

民族传统体育非遗是在一定的社会形态中孕育而来的,社会形态的高级程度直接影响非遗的发展水平。在高级社会形态中孕育出来的民族传统体育非遗具有活动范畴广泛、活动形式多样、文化元素丰富、文化辐射范围广、文化影响深远等特征。我们从整个中华民族的发展历史这个大的背景来分析民族传统体育非遗的发展历程会发现,民族传统体育非遗的所有重大变革都与社会文化的变迁有关,二者之间的联系极为密切。

例如,汉朝和唐朝时期,中华民族文化的发展都达到了高峰,在社会文化大环境的影响下,我国民族传统体育非遗也得到快速发展,表现为非遗种类多样、数量庞大、活动规模大且开展频繁,而且满足了社会不同阶层群体的需求,这些成就都是当时社会文化发展影响的结果,而其他历史时期由于社会文化发展受阻,民族传统体育非遗也没有得到很好的发展。

(二)民族传统体育非遗的文化价值是一种动态存在

之所以说我国民族传统体育非遗的文化价值是一种动态存在,主要是因为民族传统体育非遗活动具有鲜明的文化张力,民族传统体育非遗的传承与发展是以文化张力的动态存在为基础的。

民族传统体育非遗作为一种特殊的社会文化形式,对人类社会发展具有重要意义,而且随着社会文化的变迁,民族传统体育非遗的功能也在不断与时俱进,不断充实与完善。只要是已经形成的民族传统体育非遗项目,其稳定性和延续性就很强,即使会随着社会文化的变迁而不断演进、流传甚至是变异,但其核心主旨和文化内涵不会发生变化,可见民族传统体育非遗的生命力十分顽强。正是凭借这种顽强的生命力,民族传统体育非遗在维系民族凝聚力、增进民族情感、促进文化认同等方面发挥着重要的功能与价值,这充分展现了我国传统体育非遗的文化魅力。①

(三)民族传统体育非遗的文化价值是对社会文化的超越

中华民族传统体育非遗并非通过简单摹写社会历史文化而形成的。从社会文化形态学的角度来看,民族传统体育非遗与艺术创作相比,二者的文化形态特征是较为相似的。民族传统体育非遗是一种身体文化,具有自身的独特性,其从社会集体生活圈中孕育而来,这个集体生活圈中的社会成员有着共同的信仰和趋同的文化价值观,他们对民族传统体育非遗项目所蕴含的精神内涵及其背后的宗法制度能够达成共识,并在自己的日常生活状态中将民族传统体育非遗中内隐的宗法制度、精神内涵用形象的肢体语言和抽象的文化形式展现出来,这是一种对社会文化的超越。

二、民族传统体育非物质文化遗产的重要价值表现

(一)历史价值

中华民族传统体育非遗是中华民族传统文化的重要组成部分,源远流长,具有活态性。开展民族传统体育非遗活动,能够将中华民族传统历史文化技艺全面而真实地展示出来。中华民族传统体育非遗的历史价值主要从其特有的历史性、时代性、实践性上体现出来,有时候单独从某个方面体现出来,有时候综合体现在各个方面。

(二)民俗价值

民族传统体育非遗的产生是以人类的需求为基础的,不同民族人民的生存环境不同,生活方式和生活态度有差异,因而产生了不同的社会需求,造就了不同的民族传统体育活动,各个民族的传统体育非遗项目能够将本民族的社会文化及族人的共同需求充分反映出来,这就充分展

---

① 苏航.民族传统体育文化传承创新研究[M].南昌:江西科学技术出版社,2017.

现了民族传统体育非遗的民俗价值。

民族传统体育非遗中蕴含着中华民族特定的精神特质和鲜明的文化基因,正因如此,民族传统体育非遗才能经过漫长的发展历史而流传至今,并继续传承下去。民族传统体育非遗的产生与各民族特定的社会生活环境密不可分,因而其所具有的符号特征就是由地域性所造就的。在具有符号象征意义的民族传统体育非遗中,我们不仅可以了解其诞生地的地理环境特征,还能了解其起源地族群的共同生活方式及心理结构。所以说,充分发挥民族传统体育非遗的民俗价值,能够进一步通过开展民族传统体育非遗活动而维系民族情感与提升民族凝聚力。

(三)科学价值

基本上每个具体的民族传统体育非遗事项都涉及门类众多的学科知识,其中包括历史学、社会学、民俗学、语言学、人类学、艺术学、文学等人文社会科学,同时也包括地理学、物理学、数学、化学等自然科学理论知识,这些知识的运用充分反映了社会科学文明的进步。

民族传统体育非遗的物质传承载体非常丰富,包括民族服饰、项目技艺、器械制作等。这些物质载体的技术性体现了民族传统体育非遗发展的科学程度。开展民族传统体育非遗项目活动需要一定的工具和工艺品,它们的材质、制作水平在不同程度上反映了生产力水平和科技发展水平。劳动工具是判断社会生产力发展水平高低的核心标志,随着新的劳动工具的发明,往往会产生新的工艺。民族传统体育非遗的科学价值进一步突显了各种非遗项目的应用性。

民族传统体育非遗的科学价值还体现在具体项目动作和技术的合理性上。从现代生物力学的角度来看,如果一项民族传统体育非遗活动不仅有娱乐功能,还能健身祛病,那么这项活动无疑是科学的,是能够被群众广为接受和传播的。

(四)社会价值

民族传统体育非遗的社会价值主要体现在其社会服务性上,即为民众提供心理慰藉。因为民族传统体育非遗具有宗教性质和维系民族情感的功能,因此其也具有了精神象征性。我国不同民族的传统体育非遗项目在表演特色和程序安排上都体现了地域文化的精髓,因此这些项目在漫长的历史传承中逐渐趋于稳定,并逐渐发展成为一种观念性的符号,进而演变为地域的代表性精神文化载体。[①] 最初民族传统体育非遗活动的参与主体都是一定区域和族群的普通群众,特定主体在集体参与中展现地域的审美意识,这种集体审美意识促进了族群的情感认同,也促进了社会和谐安定。

① 杨柳.体育类非物质文化遗产研究[M].北京:科学出版社,2016.

第四章　非遗保护视角下民族
传统体育文化的传承

在非遗保护的视角下,我国民族传统体育文化的发展更具紧迫性。随着社会的飞速发展,传统文化特别是我国的民族传统体育文化的发展尤其显得缓慢而艰难。再加上受到外来竞技体育的强势冲击,我国民族传统体育文化的发展更加步履维艰。对此,本章从非遗保护的视角出发,通过对民族传统体育文化传承的基本理论、民族非物质文化遗产的传承、非遗视角下中华民族传统体育文化传承的现状与困境,以及非遗视角下中华民族传统体育文化传承策略的思考四个方面进行阐述,对我国民族传统体育文化的传承面临的现实阻碍进行了详细分析,同时也提出一些具体的思考和建议。

第一节　民族传统体育文化传承的基本理论

一、民族传统体育文化传承的理论依据

(一)以哲学为依据

民族传统体育文化是诞生于民间的一种自然形成的文化形态,它带有浓重的民俗色彩,以一种缓慢、自然的方式演化得来,这一类文化传统的特性是看似松弛随意,实际上其内在承袭着悠久的历史血脉,不会轻易被影响和改变,常常以一种十分倔强的方式坚持着原有的主张和轨迹继续发展。例如,在我国民族传统体育文化传承实践中,存在着一些违

背现代体育精神和体育发展规律的现象,应该从哲学的高度来进行纠正和纠错,确保民族传统体育沿着自然、健康的轨道发展下去。以相关的哲学依据为民族体育的持续发展提供支持。

(二)文化三层次理论

从文化结构三层次的理论来看,文化有物质层次、制度层次和精神层次三个层次。民族传统体育文化主要体现的是其精神文化内涵,包括道德、审美、信仰和价值观等。民族传统体育文化凝聚强烈的民族情感,它们是维持民族传统体育不断传承的核心力量。尽管在传承中也有其特有的秩序与制度规则,维系着民族传统体育的发展和延续,体育行为是精神内涵的外在延伸,且始终受到精神内涵的支配,只要其精神层次的内容不变,外在的体育行为便不会异化变质。

(三)明确主体责任

民族传统体育本身是一种起源于民间的"草根文化",它的庞大根系深深扎根在民间文化和生活习俗之中,是与当地族群的生息繁衍密切相关的一种生活方式的体现。因此,在进行民族传统体育文化传承的过程中,要明确民间是文化保护的主体,也应当承担起主体的责任和义务。而政府无论是政策扶持还是财政方面的大力投入,都是辅助的角色,是对民族传统文化的保护和抢救,但最终还是希望民族传统体育文化能够自主、健康地传承下去。比如在欧洲,近年来政府在文化遗产保护中的角色逐渐趋向于发挥辅助功能。特别是文化遗产保护水平较高的法国,其政府与相关的民间协会签署了一系列的契约宪章,充分明确和肯定了民间在文化遗产保护中的主体地位,即民间享有对文化遗产的认知和管理权,政府更多地发挥其组织协调资源的职能,制定相关的政策法规为非遗的保护工作创造良好的制度环境和舆论氛围。

二、民族传统体育项目的结构

每种文化都有其自身的价值体系,这个价值体系基本上具有相似的构成,是在形成之初就逐步发展起来的一个价值整体。对于民族传统体育而言,它包括各个民族特有的风俗、习惯、伦理道德、宗教信仰、政治、法律、哲学、艺术以及种种文化制度和精神产品。按照文化三层次理论学说,任何一种文化都具有"物质、制度和精神"三个层次。这三个层次之间不是相互独立、各自发展的,而是作为一个整体,相互促进、相互转换或者相互渗透并共同构成文化的结构,形成其价值系统。

(一)民族传统体育文化的物质层次

民族传统体育文化的物质层次分为项目的动作技术、时空条件、社会人群适应度、民族服饰。

1. 动作技术

动作技术是运动主体的行为部分,是体育项目的重要组成部分,是各体育项目技术动作的总称,民族传统体育是由一系列的技术动作组成的,这些技术动作并非是凭空产生、主观随意创造的,也不是出现后就一成不变地传承至今。它们实际上是人类千百年来在运动实践中不断总结和提炼的结果。它们是在人类的长期生产活动中提炼出来的具有象征意义的动作,而且经过不断的改良、调整和优化,大部分动作技术都符合人体运动原理,能充分发挥身体的潜能,同时,人们还发展出一套行之有效的完成动作的方式方法。

2. 时空条件

时空条件是体育运动所需要的场地、器材和时间要素,这些要素的改变会对该体育项目发生一定的促进作用,但并不会改变其属性。器材设备的微妙变化是受到它所支持的体育项目的内在规则和运动逻辑的要求,它起到促进运动技术的发挥作用。与此同时,器材的变化和发展也与社会经济、文化和科学技术密切相关。另外,例如一些冰上、雪上或者水上民族传统体育项目,还要对季节气候条件有所要求。

3. 社会人群适应度

社会人群适应度是指某一文化现象所涵盖的人口规模、普及度和区域的大小。这些因素是衡量一个民族传统体育文化的最直观的价值体现,因为它能直接反映出人们对该体育形式的喜爱程度。民族传统体育形式多样,因此具有广泛的适应性,对于不同年龄、不同性别、不同需要的人群都能得到满足。

4. 民族服饰

中国是一个多民族国家,其中每一个民族的传统服饰都有着深刻的文化内涵,这些传统服饰本身具有重要的文化象征意义,具有一定的民族凝聚力的作用。于外,民族服饰具有民族标识意义,于内,则是同民族人民之间加强民族认同感的旗帜。

(二)民族传统体育文化的制度层次

民族传统体育文化的制度层次是指少数民族传统体育活动的各种社会风俗习惯、传统礼仪规范、组织制度、宗教习俗等。例如每项民族传统体育项目往往都有其独特的风格和仪式,这些仪式本身并不参与体育运动比赛的竞赛部分,但是却和竞赛一样重要,其规则程序非常讲究严格,必须遵照既有的形式一步步进行。并且,这些仪式包含着重要的文化象征意义,因此不能马虎和敷衍,这也是民族传统体育文化的一个特色。

(三)民族传统体育文化的精神层次

民族传统体育文化的精神层次,是指各民族人民在长期的社会实践中,从传统体育文化活动中孕育出民族情感、宗教信念、审美趣味以及生活习俗和道德观念等精神层面的内容和形式。它可以直接反映出一个民族的民族性格和价值观念,它决定着物质层次和制度层次。并且,精神文化的形成或改变都需要较长的时间,其影响力大且具有渗透性,并且一旦形成便很难改变。因此,从精神层面去把握一个民族传统体育文化是最为准确的方式。民族传统体育文化的精神层次可以从以下几个方面分析。

1. 价值取向

价值取向是指价值主体在实现价值目标的过程中围绕着如何实现价值目标而形成的一系列观念性活动。民族传统体育运动具有突出的民族性、体育性,同时兼顾观赏性和弘扬民族文化的特性。它带有明确的价值取向,追求民族风俗、凝聚民族情感和追求体育精神等。

2. 认同感

在一项民族传统体育文化项目中,往往蕴含着浓重的民族认同感和自豪感。所谓的民族认同感是一个民族内部相互依赖、相互亲近,并自觉地拥护着相近的价值观、伦理道德和审美情趣,它为该民族成员提供了归属感和安全感。民族传统体育活动中含有强烈的民族认同感,它以一种体育文化的形式充当民族情感纽带的角色。同时,民族传统体育活动具有鲜明的身体表征属性,通过体育互动,人们进行充分的情感交流、思想交锋,从而不断增进相互间的了解和理解,达到培养民族认同感的显著效果。

3. 凝聚力

凝聚力指民族传统体育文化的生命力所在,民族传统体育活动是群众性的社会活动,特别对于少数民族而言更具有文化表征意义,是某一个族群的民族特点、生活习俗以及宗教情感的集中体现。通过典型的民族传统体育文化活动的形式,让该民族的民族精神得到一次强有力的激荡,使人们的民族自豪感和归属感在激情澎湃的体育竞赛中得以升华,从而实现对各民族在情感上和精神上的凝聚作用,并且培养个体的集体主义精神、荣誉感和民族自豪感。

4. 价值观

价值观是文化的核心,是一个群体共同的理想、信念和追求。民族价值观包括民族价值认识、民族价值评价和民族价值选择三个部分。不同的民族文化形成不同的价值观,不同的价值观又指挥着不同的行为和生活追求。民族传统体育文化活动就是某种价值观的外在体现形式。

三、民族传统体育的基础

(一)自然经济基础

作为一个农业大国,华夏民族至今仍沿袭着农耕的生产方式,这种生产生活方式与民族传统体育的形成密切相关。并且,旧时由于交通不便,一个族群的人们相对稳定地生活在一个固定的地域,他们沿袭着传统的生活方式和生产方式,在这个过程中,逐渐产生了一些集祭祀、庆典、体育于一身的文化活动。于是有些体育活动自诞生之初就集信仰、经济社交、娱乐等多功能于一身,它属于一种传统的节庆活动,蕴含着丰富的文化内涵。但是,各民族的习俗并非僵化不变。由于氏族、部落的迁徙形成多民族相互杂居的社区,多民族之间的交往增多,对生活方式、宗教传播以及体育活动都带来影响。随着社会的飞速发展,民族聚居地区的经济由传统的自然经济向市场经济转型,生活方式和生产方式的改变,使得民族传统体育活动具有了更多的文化传承色彩,需要在社会变革中寻得自身的生存与发展之路。

(二)宗法血缘社会基础

中国古代社会是以血缘关系为主要纽带的宗法制度社会。这种宗法制度是从原始社会的氏族制度演变而来,甚至时至今日,中国仍然是一个讲"关系"的社会,可见传统文化具有多么强大的时间穿透力,其影响力会渗透在每个族民的血液中。中国人的姓氏,最早就是区分血缘和种族的重要标识。中国血缘伦理的家族关系与皇权至上的政治伦理高度统一,并且深入人心。在中国这样一个传统的宗法文化、宗法意识极为强烈的国度里,以家族为主体的传统社会家庭不仅是一个生活共同体,也是一个生产共同体。在农耕社会里,无论是从事着农业、手工业或者商业的人们基本都是以家庭为生产单位经营的,一个家庭就是一个生产集体,家庭就是所有成员的职业活动场所,全体家庭成员归属于一个经济利益关系和伦理道德关系。因此,一个家族不仅是一个血缘关系集合,也是利益关系的强力纽带,所以就不难理解,在中国的家族中有较明显的家族主义痕迹。比如,在传统武术的传播过程中,主要是基于家族关系展开,一种拳法深深地被某个家族掌握和独有。或者同样的武术类别,不同的家族具有独具特色的风格或者派系,与其他派系有明显的不同之处。

(三)精神生活与哲学基础

许多少数民族的体育活动最初是一种祭祀仪式和活动。古代农业的收成严重地依赖自然天气,为了获得大丰收,人们祈求神明保佑风调雨顺,降福于大地子民。在这样的过程中,人们逐渐发展出一套成熟完整的仪式,比如在固定的节日举行大型祭祀活动,比如舞蹈和竞技,尤其是舞蹈,是一些宗教祭典的主要组成部分。随着社会文明程度的提升,这类祭祀活动逐渐从讨好神灵转变为娱乐大众,它们成为一个地区的集体活动,用以放松、休息、娱乐和交际。比如,龙舟竞渡这项古老的传统民俗活动由早先的祭龙到祭祖祭英烈再到庆丰收的转变可以看出这一鲜明的变化过程。

　　同时,中国传统体育健康观的特点是注重整体,其核心是和谐与适度。中国古代哲学强调人与自然的和谐统一,强调个人与集体的协调统一,还强调个人的阴阳平衡、内外统一。在这样一种自然观和生命观的影响下,中国人对于健身机理的独特看法形成了,它的核心思想是强调顺应自然、依时而行,也就是强调人与自然的和谐统一。这在传统体育中随处可以体现,比如,中国传统的体育项目气功、太极拳等都集中体现了这一哲学特点,它们讲求以心会意,以意调气。它们都体现了中华民族追求平衡和顺其自然的思维方式,以及追求人与自然和谐的价值观。

第二节　民族非物质文化遗产的传承

　　民族非物质文化基本上都是靠口传心授的方式承袭下来的,无论是中国还是世界其他国家和民族,在世界历史的长河中,很多民族的非物质文化遗产在没有文字的时候就已经诞生和形成了,他们以歌谣、传说、舞蹈、风俗习惯等形式世代传承。其中非常关键的因素就是传承人,他可能是以个人或者某个家族、社区等形式,以充满个性化和创造性的方式将这个民族的非物质文化世世代代地传递下来。

一、民族非物质文化遗产的传承人

(一)非物质文化遗产传承人的现状

非物质文化遗产主要依靠口传心授的方式进行传承,因此非物质文化遗产的传承是以人为重要的载体而存在,是依靠着世世代代的人民对非物质文化遗产的情感进行传承的,作为民族智慧结晶的非物质文化遗产保留着整个民族的文明基因,它们有着厚重的文化意义,承载着也许是几千年人类祖先的智慧与情感,然而,却依靠一种看似极其脆弱的方式传承至今。中国非物质文化遗产的传承人主要分为两种形式,一个是靠师徒间的个人式传承;另一个形式是在政府的资助下进入课堂。

对于一些比较弱势的、不能产生经济效益的非物质文化遗产,很多都面临着最后一代传承人已年老体迈却始终后继无人的窘境。任何一种技艺都需要花费大量的时间和精力才能习得,特别是民族非物质文化遗产大都具有强烈的个性,与当代主流文化存在较大差异,如果没有投入足够的热情,如果没有花费足够的时间,很难学到真正的精髓,那么传承也就无从谈起。

对此,国家在非物质文化遗产保护中,给予大力的政策扶持和经济投入,对具有代表性的传承人传承非物质文化遗产,采取认定和命名继承人的方式,使其得到一定的社会认可和影响力,这些都非常有助于鼓励年轻人投身到民族非物质文化遗产的传承中来。在人们认同的文化氛围的条件下,得到了越来越多的不同人民群众的支持和认可,他们不仅愿意了解和支持非遗,而且还自觉或者不自觉地将一些民族非遗带入日常生活中,这成为对非遗传承的重要推进力量。

(二)传承人的分类

由于非物质文化遗产的活态性与流动性,其保护、传承,比起物质文化遗产来,更加复杂,更加凸显人的作用。在非物质文化遗产保护中,以传承人为中心的传承途径,是目前备受重视和关注的传承途径。一般来讲,会把非物质文化遗产的传承人分为代表性传承人和一般性传承人。代表性传承人是指被国家有关机构认定的、掌握着非物质文化遗产的知识和技艺,是现存某项非物质文化遗产的领军人物。代表性传承人通过传承活动加强自己传承非物质文化遗产的力度和影响力,得到社会更多的关注,从而促进非物质文化遗产传承工作的展开。代表性传承人除了直接传承非遗的知识和技艺之外,同时起到重要的示范作用。

一般性传承人是指除被认定的代表性传承人以外，在实际非物质文化遗产的传承中起到基础性、经常性传承作用的个体。一般性传承人在非物质文化遗产的传承过程中，主要是在默默无闻地进行传递和交流的工作，但是他们所起到的作用是不容忽视的，它是非物质文化遗产能够进行世代传承的基础与关键。

二、民族非物质文化遗产的传承载体

（一）民族非物质文化遗产传承载体的内涵

任何一种文化形态的传承都依赖传承载体而存在，因而对民族非物质遗产传承载体的辨析和理解非常重要。非物质文化遗产的一个特性是几乎不具备物质载体，它们更多的是以语言、传说、表演、风俗、礼仪、节庆活动、知识以及一些传统技艺等形式而存在。非物质文化遗产具有无形性和活态性的特点。正是由于非物质文化遗产本身是看不见、摸不着的信息，所以，它所依赖的载体就显得格外重要。例如，民间传统的剪纸和皮影戏都属于非物质文化遗产，但是它们均以某种物质（纸和皮影）为传承载体，表达的是无形艺术情感、智慧和技能，记载民间历史文化中的一些典故或民族精神。但是，应该明确的是，在所有的非物质文化遗产的各种传承载体中，最根本和最重要的载体是人本身，离开了人，非物质文化遗产是不可能以任何物质载体存续的。

（二）民族非物质文化遗产传承载体的分类

在民族非物质文化遗产传承和保护中，它的载体各异，但集中体现为以下几个方面。

1. 以静态的实物为载体

静态实物展示载体主要是指为非物质文化遗产所设立的博物馆、保护中心、传习场馆、公共场合等，对非物质文化遗产进行展示。在展示的过程中，人们通过非物质文化遗产的实物载体了解相关知识，了解民族文化的过去与当前的文化形态之间的历史渊源，由此而认识到传承非物质文化遗产的重要性，并在一定程度上促进非物质文化遗产的传承，从而发挥民间力量,真正做到以民间为主体的传承和保护。但是,毕竟非物质文化遗产是一种"活态"历史,只有在交流和动态传播中,才能体现其真正的文化内涵。因此,静态实物的展示只能起到有限的传播作用,这种实物载体对非物质文化遗产的传承作用是辅助性、补充性和基础性的,如果仅仅以实物传承,那么其效果必然是有缺憾的,也不会真正起到传承作用。

2. 以动态的过程为载体

动态过程为载体是指在非物质文化遗产的传承和保护中,通过在时空中进行交流与传递,实现对非物质文化遗产的动态化传承,它是非物质文化遗产最核心的表现形式。比如,在公共场合、节日旅游等交流平台上,以动态的文化艺术作品形态为载体进行展示和交流。通过过程交流来传承非物质文化遗产,是符合非物质文化遗产的特征的,因此这种载体对传承更加有效和适用。例如剪纸艺术,人们可以通过具体的剪纸活动,了解其文化内涵,掌握其技艺。再比如一些集体性民间歌舞、民歌对唱等,都需要在交流过程中传递其最本质的精神内涵,从而达到传承非物质文化遗产的目的。在非物质文化遗产的传承过程中,以动态过程为载体是更为有效的传承方式,它通过展示其独特的风采和内涵,使人们直观感受到非物质文化遗产的丰富性和鲜活性,通过视觉、听觉、触觉等感官全面立体地认识和了解非物质文化遗产,这本身就是一种强有力的文化展示,是对非遗传承的重要条件。

三、非物质文化遗产的传承途径

(一)以节庆旅游为传承途径

在非物质文化遗产保护、传承与发展的过程中,以节庆旅游为支点,向广大游客展示非物质文化遗产,并通过及时的互动让更多人体验和感受非物质文化遗产的样貌和风采。这是一种直接有效地传播、宣扬非物质文化遗产的方式。人们在轻松愉快的活动中进行非物质文化遗产信息现场性的互动与交流,在群体之间进行交流、体验、了解、认识和传承非物质文化遗产。它一般分为节日庆典传承与旅游活动传承两种。

1. 在节日庆典中传承

有许多民族非物质文化遗产最初就是为了节日庆典而创作产生的一种活动形式,比如庆祝丰收的秋社和赛神,庆祝重大节日如端午节赛龙舟、春节的社火等。随着社会的进步,一些较为原始的、不再与当代生活方式和生产方式相适应的庆典活动,已经失去其原始的意义,但是它的文化价值不改,成为一种非物质文化遗产。近年来,节日庆典成为比较火热的现代传承方式之一。民俗传统节日的一些庆典活动,多数是依靠口传身授、代代相传的方式从几千年前延续至今。由此可见,节日庆典这种传承方式对保护和传承非物质文化遗产都非常有效。

但是同时要注意的是,在利用节日庆典进行非物质文化遗产的传承中,保留其原有的社会功能、意义和动机非常重要。不能为了吸引游客创造商业利润而损伤非物质文化遗产原有的文化价值。所有在节日庆典活动中开展的非物质文化遗产活动,应该在尊重传统、敬畏文化遗产的前提下进行,是一种保护性的传承,而不是为了表演而表演,将非物质文化遗产作为获取商业利益的傀儡。

2. 在旅游活动中传承

通过开发一些非物质文化遗产所在地的民俗体验项目,促进旅游观光,带动当地消费等都体现出巨大的市场潜力,彰显出一定的社会效应。这对非物质文化遗产的传承也起到一定的促进作用。于是各地纷纷把旅游业与非物质文化遗产结合起来,推出体验非遗的文化之旅活动,打造当地非物质文化遗产品牌,使得通过旅游活动来传承非物质文化遗产产生了一定的积极效果。首先,通过旅游业的刺激,使非物质文化遗产在当地展开热烈的传承活动,同时,通过旅游活动让更多的人认识和体验了非物质文化遗产,这对普及人们的保护非物质遗产的意识起到良好的作用。在一定程度上促使了非物质文化遗产跨群体、跨地域进行传递、传播和传承的可能性。

发展旅游业和非物质文化遗产保护、传承是当今社会的重要议题,但是发展旅游业对非物质文化遗产的保护既有积极作用,也有消极影响。除了以上的积极作用之外,旅游业为当地带来经济效益,提高了地区的知名度,带动了投资与消费,为该地区的现代发展起到促进作用。但是与此同时,在外来文化的冲击下,失去效用的少数民族文化退化为一种观赏品供人们旅游、观赏和娱乐,甚至有些当地的居民不自觉地成为当地风俗和生活方式的"扮演者",这些又反过来对传统文化造成伤害。因此,在将旅游开发与非物质文化遗产传承相结合的过程中,应当同时尊重其形式和内涵,使非物质文化遗产在旅游活动中得到有效的传承,既做到旅游业的兴盛,又促进非物质文化遗产的传承。

(二)以学校教育为传承途径

学校教育是非物质文化遗产保护和传承的途径之一,也是增强民族文化自信心和凝聚力的方式之一。它主要包括开展学校教学活动和传承人走进校园两种形式。

1. 学校教学活动的盛行

由于一些弱势的非物质文化遗产的代表性传承人体迈年高,而新的传承人还青黄不接,面临后继无人的尴尬局面,这将导致这些非物质文化遗产不断地消失。因此,国内外很多国家都开始将学校引入至对非物质文化遗产的保护布局之中,将学校的教学活动作为非物质文化遗产的传承途径之一。

比如,举办非物质文化遗产专题讲座、非物质文化遗产走进课堂,编写非物质文化遗产教材等有关非物质文化遗产的学校教育活动都取得了明显的效果。高校在传承与保护非物质文化遗产中具有诸多优势条件,因此大力推进把非物质文化遗产融入高校的课程体系上,通过非物质文化遗产项目与高校课程体系进行有机结合,带动高校学生身体力行投入非物质文化遗产的学习、研究和传承活动之中。将非物质文化遗产的传承与教学实践活动紧密相连,把非物质文化遗产纳入学校课程体系和素质教育体系之中,增加学生课外实践的机会,带领学生现场体验和深入学习非物质文化遗产的相关知识,使学校教育活动在非物质文化遗产的传承和保护中发挥积极作用,为非物质文化遗产在高校的传承与传播做出积极贡献。

由此可见,学校教育在保护、传承非物质文化遗产方面的责任和作用是非常明显的,并且已经逐渐成为非物质文化遗产传承途径的重要组成部分。学校教育和民间力量形成很好的补充和配合,从理论上、系统上对传承非物质文化遗产起到文化梳理、增强意识和培养保护及传承能力的作用。民间力量是非物质文化遗产保护和传承的现场第一责任人，他们在身体力行地实施着保护和传承的具体工作。而学校教育则为保护和传承过程提供思想、认识和情感方面的支持。通过学校教育传承途径，引发人们对非物质文化遗产传承的高度重视，并愿意逐步参与到保护和传承的行动中来。

2. 传承人走进校园

非物质文化遗产的传承自古以来都采取师傅带徒弟、一对一的方式进行的。由于具有民族性、家族性等特点，这种技艺传授往往是非公开的甚至带有一些私密性，对于下一代的传承人有较高的要求。随着历史的发展、社会的进步，一些较为弱势的非物质文化遗产正在悄然消失，从此已无迹可寻。因此，传承人走进校园，进行积极地主动传承渐渐成为一种趋势。通过传承人走入校园、走进课堂、和师生进行非物质文化遗产的传递和交流活动，这是在当代社会环境中发展起来的一种崭新的传承方式，对非物质文化遗产的保护和传承非常有利。在非物质文化遗产的传承过程中，可以让非物质文化遗产进入校园，引进传承人，让传承人走进课堂，通过学校教育的传承方式，来保护和传承非物质文化遗产。通过采取传承人进入校园、走进课堂的形式，传承人为师生提供与非物质文化遗产零距离接触的机会，亲身感受非物质文化遗产的独特魅力，这在一定程度上促进了非物质文化遗产的传递。并且，应逐步使传承人进入校园成为常态化与规范化，在实践过程中逐步完善相应的措施，建立科学的机制，进一步深化与提高传承人走入校园传承非物质文化遗产的传承力度与传承效果。

（三）以宣传传播为传承途径

在非物质文化遗产的保护和传承过程中，由相关机构和人员在不同的场合、不同的渠道对非物质文化遗产进行宣传与评论，将有利于营造文化氛围与加强保护意识。

1. 媒体和文艺作品的传播力量

这是指让新闻媒体参与到对非物质文化遗产的保护和传承活动中来，充分发挥其媒体作用，为非物质文化遗产的保护、传承与发展进行公益性宣传,营造有利的舆论氛围,实际上就是增强和利用环境氛围对非遗保护和传承的作用,唤醒民众的文化自觉,调动各方面的力量自觉形成全社会保护非物质文化遗产的文化氛围,让保护和传承非物质文化遗产成为社会共识。

通过影视文艺作品的创造性语言,将非物质文化遗产的文化价值进行跨时间、跨地域的传播和交流,从而通过宣扬和传播的方式对非物质文化遗产进行保护和传承的目的。

2.相关机构的传播力量

国家和地方的各级公共文化机构也积极发挥传播和强化的作用。这些机构主要包括公共文化机构、政府相关职能机构、学术研究机构、非物质文化遗产保护中心和一些民间团体等。此外,各级政府逐步成立的非物质文化遗产保护中心以及有关非物质文化遗产研究中心等也在发挥着积极的传承作用。

总之,公共文化机构、政府相关职能机构以及学术研究机构等都积极地介入到非物质文化遗产的传承工作中,为非物质文化遗产的传承提供自己的条件优势,有力地促进了非物质文化遗产的保护、传承与发展。

第三节　非遗视角下中华民族传统体育文化传承的现状与困境

一、非遗视角下中华民族传统体育文化传承的现状

(一)民族传统体育文化传承的方式

民族传统体育文化由于受到地域、时空和体育自身特征等不同条件的影响,具有多种传播方式和传播途径,通过整理和归纳,大体可以将这些传承方式分为几个方面:生活方式的传承、宗教信仰的传承、群众体育的传承、节庆习俗的传承、语言与文学艺术的传承等。

1. 生活方式

一个社会或者一个族群的生活方式是整个社会或者族群的物质文化和精神文化的综合体现,因此,生活方式本身就具有一定的文化内涵。它反映着该地区长期以来自然形成的某种共识,具有一定的历史渊源,也是人们进行适应选择的结果。中国的传统体育文化是长期以来从一个地区人们的生产方式和生活方式中演变而来,它与该地域的文化血脉相连,蕴含着这个民族的民族性格、精神信仰、风俗习惯等内在文化信息。它通过代代相传的方式被一个民族传承和发展下来,并一直传递下去,蕴含着一个民族较为丰富的文化内涵,同时也负载着许多独特的文化观念,具有较大的稳定性。生活方式是民族文化得以传承的重要途径之一,每种生活方式的背后是特定文化的表达,是一种稳定的心理模式和思维模式。

2. 宗教信仰

宗教信仰是指信奉某种特定宗教的人们的一种精神活动,是超越物质之外的某种精神指引和精神归宿,属于一种特殊的社会意识形态和文化现象。在宗教的发展过程中,记载着人类体育文化发展的历史,因此宗教对体育文化传承具有一定的作用,它是民族传统体育文化的一种传承方式。宗教的文化传承作用主要表现为以下几个方面。

(1)作为人类社会发展的一部百科全书,宗教对传承文化具有明显的推动作用。

(2)宗教的文化聚合作用对民族传统体育文化进行有效的控制和引导,使民族传统体育文化具有某种文化认同感和民族凝聚力。

3. 节庆习俗

节庆习俗是一个民族特有的传统庆典活动,也是一定典型的文化传承途径。在节庆活动中的传统体育文化肩负着多种功能,包括缅怀、祈祷、娱神、社交等,有着该民族独特的、丰厚的文化内涵。各个民族都有风格独特的节庆活动,其中的传统体育文化项目是非常重要的组成部分,也是一个民族重要的文化表达方式。它用一种形象、直观、一目了然的方式,使民族古老的传统体育文化得以彰显,可以说,节庆活动是一个民族长期以来形成的民族传统体育文化的缩影,折射出不同民族的发展历程和轨迹。

(二)民族传统体育文化传承的途径

我国民族传统体育文化的传承途径因其运动形式、技术技能的繁简、所处的区域及场所的不同有很大的区别。

1. 宗教传承

宗教对民族传统体育文化的影响主要体现在两个层面。比较表层的影响是民族传统体育在宗教活动中的行为表现;而深层的影响主要是通过各种宗教教义、教理、行为礼仪规范控制人的精神生活。在宗教活动中,民族传统体育是一种介于宗教、艺术与体育之间的身体活动,某种仪式具有某种宗教意义,人们从各种祭祀的身体活动中得到最初的活动意识,接收某种精神讯息,这些讯息是本民族独有的语言,凝聚着该民族悠久的精神信念,使人们在某种共同的身体活动中传承着几百年甚至是几千年的民族信仰和文化。在这种宗教活动中,很多都是以身体活动为主要表达形式,这些体育活动中蕴含的丰富的民族文化内涵和精神信念只能通过身体进行传达,这也是民族体育的特殊文化意义所在。

2. 教育传承

教育也是民族传统体育文化传承的一个重要途径,借助教育机制对非物质文化遗产的传承是现代文明社会的优势体现,是一种非常有效的梳理、整合和传承的途径。教育对民族传统体育的传承又分为家庭教育、学校教育和社会教育几个途径。

(1)家庭教育

家庭教育是人生的第一块基石。在家庭成长的过程中,来自家庭年长成员自觉或不自觉的教导、互动和影响,对一个人的意识和行为具有深远的影响。特别是父母以言传或者身教的方式,将某种意识观念或者行为习惯长期地传递给孩子,那么这种观念和行为模式往往会跟随孩子一生。尤其像中国自古具有尊师重教的传统,民族传统体育作为一个民族特有的标识性活动,会在家庭教育中具有特殊的地位,并且受到格外的重视,这些对传承传统体育文化形成了良好的家庭氛围。

(2)学校教育

学校作为文化传播与传承的重要阵地,自然也是传承传统体育文化的重要途径。与家庭教育和社会教育相比,学校教育具有更强的系统性和规范性,更注重理论知识的传播,更善于运用科学的方法、制定可执行的目标、控制教学的行为过程,确保教育的质量和结果。民族传统体育文化的传承方式有参与式传承与专业化传承两种,参与式传承是指积极参与并热心支持民族传统体育文化,专业化传承则是指具有系统知识结构并以研究民族传统体育文化为主要职责。民族传统体育在学校教育中的传承一般可分为校园民族文化建设和民族体育课程两个方面。

(3)社会教育

尽管家庭教育和学校教育两种传承方式非常重要,他们在传承传统体育文化的过程中发挥着不同的作用,但是对于大多数的少数民族来说,他们对传统文化习俗和知识的获得,更多的还是来自社会风俗习惯的自然影响。在节日庆典、宗教祭祀以及劳动闲暇当中,一些民族传统体育活动都是其中的重要内容,并通过不断地重复将这些传统内化为自己的生活方式。体育文化的形成是人类遵循文化发展的结构性规律的结果,它来自生产与生活实践,并逐渐从生产生活中剥离出来,可以说它本身即具有非常浓厚的生产性与生活性。在很大程度上,民族体育就是民族生活和生产中的一部分,它们是一个有机的整体,一些少数民族的传统居民就是在不知不觉中,在日常的生活中接触民族传统体育,认识民族传统文化,用民族传统体育活动表达思想或感情。在节日庆典、宗教仪式、婚丧仪式、村寨间竞赛活动中,通过相应的民族体育活动实现具体的庆典目的、竞赛目的或者完成宗教或者婚丧的活动仪式。这些都属于社会教育范畴,不是有计划、有目的的规范传承,是自然天成的教育方式。并且,有些传统体育受到特殊的条件限制很难在家庭或者学校完成教育和传承,比如水族端节的"赛马"活动,彝族、白族的火把节等,都只能通过社会教育实现传播与传承。

二、非遗视角下中华民族传统体育文化传承的困境

(一)生存基础的消逝

不得不面对的一个现实是,现在我们看到的大多数传统体育活动更多的是一种表演和娱乐,其原本最重要的宗教意义或者生产意义已经逐渐淡化和不复存在。每一个民族的传统体育文化都有其独特的发展渊源,受到该民族生存环境的直接影响。然而随着社会的不断进步,各个民族的生存条件都得到极大的改善,并且越来越趋于同质化,比如最基本的居住条件,水源、电力、网络等基本上各个地区的差别越来越小。那么原本基于各种不同生存基础的传统体育文化则逐渐失去其现实价值。

(二)边缘化现象严重

我国的民族传统体育文化是 56 个民族在长期的融合浸染之后逐步形成今天的分布形态。尽管如此,少数民族的体育文化依然处于较为弱势的状态,比如有统计数据显示,我国的民族传统体育近千项,其中汉族的传统体育活动占 301 项,而其余 55 个少数民族的传统体育项目为 676 项,部分少数民族的传统体育项目和文化逐渐地弱化和消失,比如彝族的跳牛、土家族的摆手舞、黎族的堆沙、布朗族的刀舞已经很少见到了。

(三)侵权行为的侵袭

总体来看,我国对非物质文化遗产的立法保护还有待完善和深化。一些传统体育文化存在着严重的侵权现象,最为典型的一个例子是,为所有国人所熟知的"少林"这一传统中国武术,仅在国内就有百余家企业在注册并使用,几乎涉及各个行业。同样的,国际上其他不少国家也有众多企业争相抢注"少林"或者"少林寺"的商标权,他们不仅获得了极大的商业利润,而且还严重侵犯了我国传统体育的知识产权和名誉权。

(四)外来文化的冲击

伴随着全球化而来的是外来体育文化不断地对我国传统体育文化造成冲击和异化。足球、篮球等一些国外竞技体育形式已经成为国内主导的体育竞赛项目,而本土的传统体育活动比如太极拳、气功等地位却逐渐被边缘化,发展缓慢。这其实并不是体育项目之间的竞争和较量,更多的是由背后的体育文化和竞技发展进程所决定的。比如推动足球成为世界第一大运动的不仅仅是足球本身的魅力,还有其背后的丰富的文化输出、完善的竞赛制度以及巨大的足球产业的支撑。因此,要发展中国的传统体育文化任重道远,需要全面地、深入地将传统体育文化发展成为大众化运动项目。

第四节　非遗视角下中华民族传统体育文化传承策略的思考

一、民族传统体育文化的立法保护

(一)开展民族传统体育的合作与交流

为了更好地发展民族传统体育文化,应当尽快完善我国民族传统体育的立法体系,将民族传统体育文化进行立法保护,同时通过宣传、教育和培养,增进人们对民族传统体育文化的尊重,激发对民族体育文化的感情,调动广大国民开展民族体育运动的积极性,并鼓励和支持境内外个人和机构,展开民族传统体育文化保护工作的合作和交流,这些都首先需要有完善健全的立法保护,才能让民族体育发展之路走得更健康和长远。

(二)明确民族传统体育立法保护的原则

1. 体现主体权利的意志

要尊重少数民族体育文化主体权利,重视不同族群对文化的合理需求和主张,特别是少数人群体的相关权利,是立法设计首先要考虑的问题。

2. 平衡各方权益

保持利益平衡是任何一项法律制度的基本使命。民族传统体育文化的权利主体较为复杂,涉及民族、个体和国家的利益、社会的利益。因此,立法应统筹考虑各方利益主体之间的关系,明确利益分配和监管标准,使利益相对均衡地分享,只有这样才能保证民族传统体育长久健康的发展状态。

3. 注重现实性与可持续性

进行立法保护不应仅限于民族传统体育文化的现实发展,还要从当代和后代的整体利益考虑,立足于保持其文化的原生态性和多样性,保证其可持续发展。

4. 权利和责任相统一

权利和责任是对等的。也就是说,在对民族传统体育文化立法保护的时候,一方面要赋予权利主体相应的权利,另一方面也要明确其应尽的责任和义务,享有多大的权利,就负有多重的责任,这是辩证统一的关系。有了明确的权利和义务,权利主体也就明确了自己的努力方向和工作重点。

(三)民族传统体育文化保护的客体范围

出于对民族传统体育文化保护的紧迫性考虑,出于对各个民族传统体育文化的同等重视,因此对目前仍在流传的传统体育项目,只要具有民族特色和传承价值,均可作为立法保护的对象。它们基本具备传承性、民族性和体育性三个特征。传承性、民族性和体育性是民族传统体育文化的本质属性,诸如物质性、健身性和财产性等属性都是在此基础上的延伸,因此,只要符合这些特征就可属于立法保护的客体范围。

1. 传承性

传承性是指通过世代传承,民族传统体育记录、反映和承载了一个民族的历史发展过程和文化特征,有着重要的传承价值。

2. 民族性

民族性是指有明显区别于其他民族的特征,是该民族文化和民族精神的重要组成部分,无论其形式还是内容都具有该民族最本质的精神文化内涵。

3. 体育性

民族传统体育文化必须通过个人或群体的身体活动进行表现,是以健身强体为主要目的的身体活动,具有特定的表现形式和技能要求,是区别于其他传统文化最显著的特征。

(四)立法保护的权利主体和责任

在对我国民族传统体育文化进行立法保护的时候,最为重要的是对传承人的资格认定、权利和义务的明确规定,并由相关的认定部门对传承人的资格进行定期评估,不具备审核条件的应撤销或暂缓其传承人的资格。

1. 权利

在传承人的认定标准方面,凡是符合下列条件的公民,都可以申请或被推荐为民族传统体育文化的传承人。

(1)在当地被公认为具有一定声望、技艺精湛、积极开展传承活动的人,通常只有本人及其关系密切的人,比如徒弟、亲戚才具有的特殊运动技能,或是掌握某种传统体育器械制作工艺的人。

(2)虽然与某一特定民族传统体育并无直接族源关系,但由于其对该民族传统体育的挖掘、整理、传播等工作做出了突出贡献,且自身具备一定的技艺能力的人,也可以被认定为传承人。

2. 义务

传承人具有保护民族传统体育文化的义务。它们包括以下几个方面。

(1)向他人提供和展示传统体育资料技能、实物等文化形态的义务。

(2)具有组织和开展讲学、传艺和研究工作活动的义务,并同时享有获取相应的报酬。

(3)具有积极培养下一代传承人或专门传承人的义务。

二、民族传统体育文化传承的超越

(一)结合经济发展与精神文明建设

在传承与发展民族传统体育文化的过程中,要同时站在文化资源和文化资本的角度看待民族传统体育文化。要在发展民族传统体育文化的同时,高度重视民族传统体育文化的经济价值,让二者同时发展,既做到弘扬体育文化传统,又发展和挖掘了其自身的经济潜能,实现民族传统体育文化对地方特色经济发展的促进作用。当前正在大力推进社会主义精神文明建设,这就要求民族传统体育文化的传承与发展,要紧密结合当前的精神文明建设,一方面要重视民族传统体育的文化内涵,另一方面从构建和谐社会的角度推进经济发展。

(二)完善体育文化法律保障机制

保护和发展传统文化遗产是历史赋予我们的时代使命。然而在经济浪潮的冲击下,使得这项任务显得更加艰巨,必须兼顾文化、历史和经济发展的多重需要,为了能够健康和谐地发展,必须加强传统文化保护的法制环境,建立起一整套与之相适应的法律、法规,从体育、文化及知识产权等角度对传统体育文化实施一定的、必要的法律保护政策,同时加强相关方面的专门法律法规的设立与管理,以有效保证我国民族传统体育文化事业的发展。

(三)促进体育文化体制改革

民族传统体育文化的传承既是保护也是创造,要想获得民族传统体育文化的快速发展,首先必须加快体育文化体制的改革和创新。首先,重点要加强传统体育文化基础设施的建设,完善公共文化服务体系,同时建立传统体育项目的活动场馆,努力扩大传统体育文化的影响力。引进俱乐部及产业制度,实行产业化经营、市场化运作,建立健全资产经营责任制,积极推进公司制或股份制改造,努力培育一批有实力、有活力的传统体育文化企业。

(四)壮大民族传统体育文化产业

根据国内外体育产业的发展经验来看,一个运动项目的发展和壮大其实是其背后的产业力量的推动。在西方体育发达国家,体育文化产业已经相当成熟,甚至成为各国国民经济的一个重要支柱。我国要想实现民族传统体育的壮大和发展,必须重视发展民族传统体育产业,培养优势产业集群。产业集群的培育需要我们对传统体育文化产业进行合理、有效的改造,并发展循环经济模式。传统体育文化产业的循环经济模式的发展必须以体育消费带动体育产业发展,反过来,发展的体育产业可以更好地为体育消费服务。

(五)不断进行技术创新

由于环境、社会、经济等多方面的原因,我国有很多民族传统体育项目正濒临消失,这其中一个重要的内在原因就是广大的人民群众对传统体育文化的认识不足、热情不高。因此,需要激发起广大群众参与积极性,才能使它们远离消亡的边缘,并且获得持续发展。但是,激发群众的参与热情需要以人为本,要以满足广大群众的实际需求为出发点,这些需求包括体育运动的需求、简单方便的需求、符合时尚潮流的需求以及满足文化自豪感的需求。因此,传承传统体育文化需要结合社会实际情况,不断地发展和创新,积极打造属于中华民族特有的体育文化品牌,走出自己的文化特色,从而自信地走向世界,向世界各族人民分享我国传统文化的魅力。

(六)借鉴西方优秀体育文化的发展模式

我国民族传统体育文化的传承与发展,可以积极借鉴西方发展体育文化的成功经验,增加交流与合作,最终实现各自的创新和共存。世界本来就是以多民族共存,以多元文明相互促进和影响的发展过程,勇于借鉴他国的成功经验是加快我国发展的有效途径之一。可以说,我国传统民族体育文化的发展取向应该是民族性同世界性的融合,将自身的精华部分同当今世界体育文化优秀成果进行借鉴和融合,只有这样才能构建起一种生命力更为强大的新型的体育文化体系。

学习与借鉴西方优秀体育文化的发展模式是保证我国民族传统体育事业及体育文化持续发展的不竭动力。学习与借鉴各民族优秀体育文化发展模式需要注意以下三点内容:首先,在继承传统的基础上,对文化模式进行合理、有效的改造和创新,取其精华,去其糟粕;其次,在保持本民族自身特色的同时,对西方体育的竞技性核心精神进行吸收与借鉴,从而进行追求自身文化内涵与精神发展的价值实现;最后,借鉴现代体育发展模式和优秀成果,借鉴现代体育的组织制度和现代化传播手段宣传和发展壮大自己。

第五章　民族传统体育非物质文化遗产的有效保护

中国是文明古国,有着悠久的文化历史与丰厚的文化底蕴。中华民族传统体育非物质文化遗产孕育于文明古国,是中华民族的瑰宝,也是世界文明的重要组成部分。民族传统体育文化在我国非物质文化遗产体系中有着举足轻重的地位,发挥着至关重要的作用。当今,在全球"非遗热"的潮流中,我国政府越来越注重对民族传统体育非物质文化遗产的传承与保护,实施切实可行的保护政策与实践方案,使一些濒危项目的命运发生转机,保护效果显著。在文化全球化和非遗保护视角下,我国应进一步加大对民族传统体育非物质文化遗产的保护力度,将传承与保护有机结合,以促进民族传统体育文化的弘扬和可持续发展。本章重点对民族传统体育非物质文化遗产的有效保护展开研究,首先阐析民族传统体育非物质文化遗产的基本保护理论,然后分别对民族传统体育非物质文化遗产的传承人保护、法律保护、数字化保护等几大保护路径展开研究,从实际出发而提出科学可行的保护建议与策略,以期提供参考。

第一节　民族传统体育非物质文化遗产保护的相关理论

一、民族传统体育非物质文化遗产保护的基本原则

(一)"以人为本"原则

马克思主义文化理论指出,"人化"是文化的根本,文化的主体是

"人",文化发展的最终目标也落实在"人"身上。从这一点来看,保护非物质文化遗产最根本的就是保护"人",包括非物质文化遗产的创造者、研究者、传承者以及拥有者。保护这些人是保护非物质文化遗产的核心要务。在非遗保护视角下对民族传统体育文化予以保护,最根本的也是保护人,人是民族传统体育文化精神内核的重要载体,也是民族传统体育文化空间的创造者,保护民族传统体育文化,本质意义是更好地服务于人类主体,满足人的需求,这是民族传统体育非遗保护的最高境界。①

(二)保持"原真性"原则

在文化遗产的界定、评估和监控中,原真性是一项非常重要的指标。原真性指的是原本的、真实的、原生态的。在文化遗产保护中,要清楚保护对象应该是一个民族或地区所固有的原本的文化,是原生态的、有地域特色的文化,是原汁原味的文化,是从最原始的文化中传承、延续下来的,具有原始性、历史性和真实性等特征。在民族传统体育非遗的保护中,同样要重视保护对象的原真性,不要用商业的眼光去看待保护对象,不能因为民族传统体育有经济价值就随便进行经济上的攀比与无限制的开发。不同地区的传统体育因为各地自然环境、风俗习惯及社会生产生活方式的不同而形成不同的文化特色,这些具有地域文化特色的传统体育只有依托一定的地域环境才能彰显出自身的原真性和内在价值,在民族传统体育非遗保护中贯彻保持"原真性"原则,就要维护民族传统体育非遗内在文化内涵与外在表现形式的统一。

保护民族传统体育非遗,不仅要对民族传统体育非遗中蕴含的民族精神予以传承与弘扬,还要将其中生态化的民族文化传承与保留下来。民族精神也孕育于民族文化生态中,它对人类追求未来生活起到积极的指引作用。在传承与保护民族传统体育非遗的过程中,不管采取什么样的传承与保护路径,都不能破坏文化本真,不能破坏民族文化的生态性,都要立足于一定地域的文化土壤而对具有本真性的民族文化进行传承与保护。

---

① 刘洋. 体育非物质文化遗产保护的路径研究[M]. 北京:北京体育大学出版社,2015.

对中华民族而言,民族传统体育非遗是民族文化自觉与民族文化记忆的结合,是至关重要的民族文化源泉与民族文化烙印,中华民族儿女对民族传统体育的文化认同感很强烈,并将其作为重要的文化归宿,对每个中华儿女来说,民族传统体育非遗都是重要的文化血脉,也是永恒的记忆。在全球化的今天,只有将民族传统体育文化尤其是其中蕴含的民族精神传承下来,才能使民族传统体育在世界民族之林占据一席之地。民族传统体育非物质文化遗产的传承路径是多元的,将多元化路径充分利用起来才更能促进民族传统体育非遗的传承与发展,才能更好地促进民族精神的弘扬。而根植于文化土壤来传承与保护民族传统体育非遗,必须保持其文化本真。

(三)生态化原则

民族传统体育非物质文化遗产具有活态性,在民族传统体育非物质文化遗产的保护中要特别重视对其活态性的保护。民族传统体育非遗的原始活态性具有"只见物,不见人""有形与无形的统一"等特点,这给民族传统体育非遗的保护与传承带来了一定的困难,在保护与传承实践中很多问题都是由此造成的。不仅是在民族传统体育非遗中有此问题,在非物质文化遗产保护中这类问题也普遍存在。对此,在民族传统体育非遗的保护与开发中,要坚持生态性原则,运用现代技术开发民族传统体育非遗并对其进行现代化展示、营销时,不能破坏民族传统体育本身的生态性及其所依附的生态环境。

近年来,民族传统体育文化传承与保护受到各地政府及社会的重视,有关部门对各种民族民间传统体育非遗项目进行挖掘与整理,并开展各种文化活动来展示民族传统体育非遗项目,弘扬民族精神,传承民族文化,发挥民族传统体育文化的经济价值和社会价值,所有的这些努力对优化民族传统体育非遗的生态文化环境具有重要意义。

(四)整体性原则

在非物质文化遗产保护中,特别强调整体性保护原则,即要结合自然环境而保护文化遗产,从而将文化遗产的文化内涵充分展现出来。民族传统体育非物质文化遗产的保护同样要贯彻整体性原则,具体要做到以下两点。

第一,从民族传统体育非遗的完整性角度来看,要对民族传统体育非遗的所有形式与内容予以保护。

第二,民族传统体育与其所依附的自然环境和社会文化环境是和谐共存的,从这个角度来看,要对民族传统体育非遗所处的生态环境、自然环境、人文环境及其他相关环境予以保护。

(五)依法保护原则

传承与保护民族传统体育非物质文化遗产都要有法律依据,这是最为基本的前提条件。只有依据权威的法律制度去开展传承与保护工作,民族传统体育非遗才会受到法律保护,关于非遗的开发、传承及保护工作才有可靠的法律保障。在民族传统体育非遗的产业化开发与保护中也要严格遵守法律法规,依据法律去开发民族传统体育产业,为民族传统体育产业的发展营造良好的法制环境,促进文化产业的有序开发与可持续发展,解决好文化产业化发展目标与文化本真保护之间的矛盾与冲突。

(六)政府主导、民间参与原则

保护民族传统体育非物质文化遗产必然需要投入大量的资金来提供基本支持,开展保护工作需要由政府投资,政府投资在资金所有来源渠道中占据主导地位。但我们必须清楚,只依靠政府财政支出来保护民族传统体育非物质文化遗产是不现实的,因为民族传统体育非遗资源非常庞杂,而政府财政投入有限,满足不了现实需要。对此,要加大对投资渠道的开辟与拓展力度,吸引社会投资,为民族传统体育非遗研究与保护提供基本的资金保障。这就形成了政府主导、民间参与的基本投资形式。

(七)濒危遗产优先保护原则

在民族传统体育非遗保护中,要尽可能全面保护一切非遗项目,尽量将每个优秀的项目都传承下去。但受很多因素的限制,要同时保护所有的民族传统体育非遗项目基本上是不可能做到的,对此,我们首先要做的是优先保护那些濒危的非遗项目,及时抢救濒危项目,在这类项目的抢救与保护中投入必要的财力、物力及人力资源,只有将濒危项目成功抢救下来,才能进一步进行开发,促进其发展,只有先使其"活"下来,才能谈传承与发展。因此,我们在民族传统体育非遗保护中必须贯彻濒危遗产优先保护以及"保护为主,抢救第一"的重要原则。①

二、民族传统体育非物质文化遗产保护的基本方式

在民族传统体育非遗保护中,首先要树立自觉的保护意识,然后采用科学合理的保护方式,基本保护方式有以下几种。

(一)活化石保护方式

活化石保护方式可以保持恒定的、原始的文化形态,这是最有价值的保护方式,也是民族传统体育非遗保护的最高境界,但在实施过程中会出现一些问题和困难。

(二)整体人文生态保护方式

任何一种民间艺术形式都产生于一定的文化生态之中或一种文化时态之中,我们无法恢复文化时态,但能借助一定地区的群体生活而使这一文化作品存在于人们的生活方式中,使之与大众生活有机结合起来。一些民族民间传统体育非遗项目只有在一定的地域环境下才能显示其艺术魅力,所以在保护某一民族传统体育非遗项目时,要尽可能保护相关的生态元素。

(三)博物馆保护方式

民族传统体育非遗的传承不可能都是活态传承,也可以通过博物馆展览、播放等方式让人们认识了解这一文化现象。

(四)旅游与开发的方式

旅游与开发的保护方式很受地方政府与市场欢迎,地方政府要提高本地民族传统体育非遗项目的文化影响力以及本地的影响力,就要想方设法把优秀的民间经典展览展示给游人,如果旅游与开发的方式运用得

---

① 李繁荣. 民族传统体育文化及其传承研究[M]. 济南:山东大学出版社,2014.

当,既可以传承非物质文化遗产,也可以取得良好的经济效益,两者互动,形成良性循环,促进共同发展。

(五)数字化与网络保护方式

民族传统体育非物质文化遗产除了活态保护、人文生态保护、博物馆展览与表演以及旅游开发保护等方式外,用数字化、网络化进行保护与传播也是非常有效的途径。无论是文字、图片,还是音乐、图像,都可以借助网络实现全球超越时空的资源共享。①

三、民族传统体育非物质文化遗产保护的主要模式

(一)以社区、村镇、学校作为文化场所的生态化保护模式

民族传统体育的生存与发展离不开良好的民间文化生态环境,民间文化生态环境是以人为主体的,我们应大力保护民间文化生态环境,从而使民族传统体育的本质不被破坏,避免民族传统体育文化因受外来文化的影响而出现文化同一性的现象。保护民族传统体育非物质文化遗产,要使民族传统体育在特定的群体中一代代传承下去,在传承过程中能够将该群体的社会属性及特定地域的独特文化风格展现出来。在民族传统体育非遗保护中要注重对非遗项目的精神特质予以挖掘和维护,不能只是做一些表面上的体育项目整理和动作形态提炼等工作。例如,壮族三月三的抛绣球项目和端午节的赛龙舟项目都有特殊的文化意义和原生态意义,前者即追求爱情,后者即祭祀屈原,如果抛弃这些意蕴和文化内涵,那么这两个非遗项目也就失去了生存的根基和意义。可见,民族传统体育非遗项目是以原生态文化环境为基本生存条件的,它们反映了特定地域或群体的独具特色的文化环境。如果它们赖以生存的文化土壤遭到了破坏或被遗忘,它们的生存将很艰难,也增加了保护和抢救的难度。因此,要保护民族传统体育非物质文化遗产,就要先对其依附的文化生态环境予以保护,如此才能提升保护价值,并实现非遗保护的根本目标。

---

① 邹珺.民族非物质文化遗产保护与传承[M].长春:吉林大学出版社,2016.

为了更好地保护民族文化生态环境,我国应以社区、村镇、学校为文化场所而对文化生态保护区予以建立。有的地区在民族传统体育传承与开展方面取得了良好的成果,而且民族传统体育在该地区有广泛的群众基础,对于这类区域,要大力扶持与保护,从而使民族传统体育赖以生存的文化生态环境得到保护,也使民族传统体育文化的精髓得到本质上的保护,推动民族传统体育文化的传承与持续发展。但需要注意的是,对民族传统体育非遗的生存环境的保护是一个艰巨的工程,而且在社会城市化、工业化进程中,因为社会环境的影响而在很大程度上破坏了民族传统体育生存的原生态文化环境,但我们不能阻止社会的进步,社会发展不可避免地会冲击原生态的东西,我们应尽可能在社会发展的态势下去保护优秀的非物质文化遗产。所以,我们不能以静态的视角去看待具有传承性和变异性的民族传统体育非物质文化遗产,在民族传统体育非遗的生存与发展中本身就伴随着变异,只有适当变异,才能更好地适应社会文化环境,才能依赖特定的文化土壤而继续生存与发展。我们要高度重视民族传统体育非遗所依存的文化生态环境的变化,但对此不必过于担心,只要提高保护意识,做好正确的引导工作,就能使民族传统体育非遗以其顽强的生命力而不断适应环境的变化,并经过某种形式的变异后继续生存与发展。保护民族传统体育非遗,要注重民族传统体育文化本身的多样性特质,对丰富多样的文化基因予以保护,而优先保护的应该是优秀的但处于弱势的文化。保护民族传统体育非遗应该向整个社会推广,尤其要在特定的社会领域来重点保护一些非遗项目,从而更好地延续优秀的民族体育文化基因。

此外,对民族文化生态环境予以保护,要解决民族传统体育过度竞技化和商业化的问题,应尽可能维护民族传统体育的群众化、娱乐化,保留它的精神内核,避免其赖以生存的生态环境发生扭曲或变质,否则会严重损害民族传统体育非遗的生命力。

(二)以政府保护为主导、民间自发保护为主体的立体化保护模式

在保护民族传统体育非遗中构建立体化保护模式,在该模式下,居于主导和主体保护地位的分别是政府保护和民间自发保护,此外要吸引广大人民群众的积极参与。下面简单分析政府保护和民间自发保护的含义。

以政府保护为主导,就是政府发挥职能,通过出台政策、宣传普及、大力推广等方式来对民族传统体育非遗进行保护。在非遗保护中,国家的作用至关重要,国家对非遗的保护属于一级保护,政府保护具有现实意义,政府保护所产生的号召力、影响力比学界研究更大,而且政府保护能够起到更便捷的作用与快捷的效果,甚至比立法保护更便捷。从宏观上来看,对民族传统体育非遗进行保护,就是对中华民族的共同利益予以维护,政府承担这样的重任,必须从自身出发开展一系列的保护工作。此外,保护与传承处于弱势地位的民族传统体育文化基本不会有经济报酬,反而还要投入经费和人力资源,这种需要大量付出而且没有经济回报的事由政府去做是责无旁贷的,所以在民族传统体育非遗保护中必须以政府保护为主导。①

民族传统体育非遗的保护也离不开民间自发保护,民族传统体育非遗本身的特性如传承性、群体性、地域性等决定了民间自发保护是不可或缺的重要保护方式之一。需要注意的是,民间自发保护不是盲目保护,而是以团体的形式进行有组织的保护,在民族传统体育文化传承中,很多民间团体都是非常重要的传承主体,发挥着重要的作用,在政府的引导下积极推动民族传统体育发展。

总之,民族传统体育非物质文化遗产是我国非物质文化遗产的重要组成部分,民族传统体育非遗中所蕴含的精神内核随着人类社会文明的不断发展而越来越受重视,积极保护民族传统体育非遗,大力弘扬民族传统体育文化,对促进全民文化生活的丰富和身体素质的提升具有重要意义。

第二节　民族传统体育非物质文化遗产传承人的保护

一、民族传统体育非物质文化遗产传承人的权利与义务

民族传统体育非物质文化遗产是中华民族宝贵的文化遗产,传承人

---

① 孙昊亮,王静.论民族传统体育的非物质文化遗产保护[J].贵州师范大学学报(社会科学版),2009(05):58-62.

是非物质文化遗产传承主体中的领军人物，在非遗传承、保护、延续和发展中发挥着重要作用。

（一）民族传统体育非物质文化传承人的权利

民族传统体育非物质文化遗产传承人拥有以下权利。

1. 署名权

署名权是指表明传承人身份的权利，是对其行为的一种认可，这是非遗传承人的一个重要权利。体育是一种肢体语言，传承人在传承、表演与创新等活动中所产生的产品存在署名权的归属问题。民族传统体育非遗传承人的署名权可定性为在民族传统体育非遗传承人的传承、表演等活动中或者由此活动为契机所产生的作品中，标明此项民族传统体育非遗的来源或出处，表明传承人的姓名及所在社区群体的情况。需要注意的是，不可以转让或买卖民族传统体育非遗传承人的署名权。

2. 传承权

"传承"是指传授与继承，因此民族传统体育非遗传承人的传承权包含传授权和继承权。

（1）传授权

传授权是指传承人有向他人传授民族传统体育技术、技艺的权利，同时有选择下一代传承人的权利。民族传统体育通过肢体动作语言表达其所蕴含的精神文化内核，家族传承是民族传统体育传承的重要路径之一，传承人选择下一代传承人首先考虑本民族的成员，以便将民族传统体育中的民族精神更好地传承下去。但是为了更好地弘扬民族传统体育，传承人有权利选择本民族社区群体以外的人作为下一代传承人。民族传统体育的传授以"言传身授"为主，传承人有权利选择其认为有利于该项目更好地保存与发展的传授方式，如借助现代媒体技术将经典的项目套路等录制成影音资料或撰写成文字等方式。

（2）继承权

继承权是指传承人依法享有取得被继承人遗产的权利，这种权利与继承人的主观意志相联系。对于一般的继承权，继承人可以接受或者放弃，但民族传统体育非遗传承人的继承权和一般的继承权不同，继承人无特殊情况不得自行行使放弃的权利。

3. 表演者权

为了推动民族传统体育非遗的传播与保护,传承人进行表演时,有权利要求自己表演的节目以及直播、转播、录制、复制其节目时按照惯例公布传承人的情况以表明身份,这是表演者的人身权,传承人拥有这一权利,该权利的专属性十分严格,只能由表演者本身享有,不能转让与继承。民族传统体育表演者为了使表演更有观赏价值,在编排套路、选择服饰等方面付出了劳动,因此理应取得相应报酬,也就是说民族传统体育非遗传承人拥有表演者的财产权。

4. 改编权

民族传统体育传承人是民族传统体育的持有者与掌握者,为了更好地保护民族传统体育,并推动其发展,传承人能够在一定范围内适当改编与创新民族传统体育。民族传统体育非遗具有活态性,因此可以对其进行灵活保护与有创造性的保护,所以不应该用著作权领域的相关规定来限制民族传统体育非遗传承人的改编权。我们应鼓励传承人积极改编与创新,使民族传统体育非遗更好地适应现代文化环境。①

(二)民族传统体育非物质文化传承人的义务

1. 非遗传承人的义务

《非物质文化遗产保护法》第三十一条规定非物质文化遗产代表性项目的代表性传承人应当履行以下义务。

(1)开展传承活动,培养后继人才。

(2)妥善保存相关的实物、资料。

(3)配合文化主管部门和其他有关部门进行非物质文化遗产调查。

(4)参与非物质文化遗产公益性宣传。

---

① 康娜娜,张志彬. 我国民族传统体育非物质文化遗产传承人的法律地位[J]. 体育成人教育学刊,2013,29(01):19-21.

2. 民族传统体育非遗传承人的义务

民族传统体育非遗传承人的主要义务如下。

（1）在适当领域公开技艺，动员社会力量

民族传统体育非遗传承人有义务公开技艺，将整个社会力量动员起来去保护民族传统体育非遗，但公开技艺必须是在适当领域，这主要指的是倘若传承人掌握的是群体性或家族性的民族传统体育项目，那么可以在特定群体内适度展览或表演该项目，或就该项目的相关问题展开交流与讨论，从而使该群体中的其他非传承人也对此项目有所了解与熟悉，动员这些人去保护非遗项目。

（2）创新传承方式

民族传统体育非遗传承人具有传承权，传承既是权利，也是义务。随着现代媒体技术的进步，民族传统体育非遗的传承方式越来越丰富、先进，不再限于"言传身受"。传承人有义务拍摄与录制自己所掌握的民族传统体育项目，制作成便于保存与传播的影音制品（标明本项目的创造者），以便新的传承人以新的方式学习与掌握民族传统体育项目。传承人应充分利用现代媒体资源在全国范围内传播民族传统体育项目，让除了本群体以外的更多人了解此项目。

二、民族传统体育非物质文化遗产传承人的重要作用

（一）完善非遗项目的历史记载

非物质文化遗产是无形的，它依托于人本身存在，妥善保存相关的实物、资料是非遗传承人的基本义务之一，如果民族传统体育非遗传承人能够保存民族传统体育项目的相关物质载体，并以文字、图片或影像的方式记载项目的起源、规则、要领等，那么对传承非遗文化是至关重要的。

目前有许多民族传统体育非遗项目濒临失传，主要原因之一是无人或只有少数人精通这些项目，如果每个民族传统体育非遗项目都有代表性传承人，那么就能扭转这个项目的濒危状态。我们应将掌握非遗项目绝技的传承人视如珍宝，最大限度地记录毕生所学，保护珍贵的非遗技艺。

（二）展现传统体育水平，弘扬体育精神

民族传统体育传承人历经多年刻苦训练，在运动水平上达到了一定的高度。师徒传承是民族传统体育的主要传承方式之一，师父给弟子们传授自身数十年习得的高超技艺，弟子们学习精通之后，将技艺传给下一代，只有薪火相传才能让民族传统体育项目发展壮大。

民族传统体育非遗传承人有知识，有文化，有技艺，是民间优秀人物，他们不仅掌握了非遗项目的技艺，更重要的是领悟了技艺中所蕴含的精神内核。一些传承人多次在国内外舞台上表演、展示，创造纪录，从而传播非遗文化，弘扬民族传统精神。忠于项目本身，发扬体育精神，这是传承人的价值理念。

（三）广泛交流，传播中国传统文化

中国传统文化源远流长，民族传统体育文化博大精深，但在体育全球化背景下，西方体育对民族体育造成冲击，导致民族体育消减，造成了民族体育的边缘化现状。当前，国家文化软实力在国际竞争力中占据重要地位，因此我国在社会主义现代化建设中必须加强中外文化交流，在这一趋势下，民族传统体育非遗传承人不仅要做好内部传承工作，还要主动与世界各国相互交流，向世界各地传播先辈创造的文化精华，发挥自身作为国家非物质文化遗产代表的更高价值。传承人与世界体育文化交流对促进民族体育文化的创新具有重要意义。

（四）投身教育，培养下一代保护非遗的意识

民族传统体育非遗传承人在教育体系中发挥着重要的价值与作用，如课前进行民族传统体育教材的编写，课堂上传授知识与技能，课后帮助学生解疑，这些都能使学生更好地了解民族传统体育，形成传承与保护民族传统体育非遗的意识。例如，"抢枢"是鄂温克民族的民间传统体育项目，也是民族传统体育非遗项目，其传承人哈森其其格致力于对该项目的搜集、挖掘、整理及保护，成立该项目的培训班，对这项运动进行积极推广，经过长期的努力，这项运动的比赛场地、器材、方法及规则逐渐固定与规范，被更多游牧民族的人民所接受。现在，在鄂温克草原上，"抢枢"运动可以说是"遍地开花"，而且成为当地中小学体育教学的重要

内容之一,也成为内蒙古民族运动会和全国民族运动后的表演项目之一,得到了良好的传承与发展。

民族传统体育非遗传承人通过学校教育渠道而在校本课程中纳入学生喜闻乐见的非遗体育项目,运用学校教育传的方式来保护非遗项目,这不仅能够达到预期的传承与保护目标,还能对学生的文化自信、民族精神进行培养,使青少年自觉树立传承与保护体育非遗的意识。

(五)保留传统,创新项目,挖掘非遗的经济价值

现阶段,我国民族传统体育非物质文化遗产中不少项目面临发展的困境,出现很多棘手的问题,如器材制作的操作性不强,难以入门,缺乏吸引力和群众基础等,这些问题严重制约了非遗的传承与发展。要解决这些问题,促进民族传统体育非遗的传承与发展,就要适当对这些非遗项目进行科学创新。对于有的非遗项目来说,对其最好的保护方式就是进行生态化传承,保留原汁原味,但对于个别项目来说,要在传承中使其焕发生命力,就应该进行适度创新,通过创新而提升其吸引力,从而被更多的基层人民所喜爱。如果在项目创新中能够开发其经济价值,那么则更易被人们接受。但切忌过度开发,不能为了经济利益而破坏传统体育文化,破坏非遗的整体性和系统性,传承者应尽可能协调好保护民族传统体育非遗与追求商业利益之间的关系,通过对非遗衍生产品的开发、对非遗项目比赛活动的推广而与其他行业紧密结合,走产业化开发与传承之路,在弘扬民族精神与保护民族文化的同时获得经济利益,可谓两全其美。

三、民族传统体育非物质文化遗产传承人保护的现状

(一)传承人认定制度有待完善

第一,现阶段我国认定民族传统体育非遗传承人的方式是,申报者将书面申报材料递交给政府部门,政府机构从低到高逐级上报,通过逐层评审来加以认定。由于民族传统体育非遗传承人的认定在非遗传承中还属于一个新领域,评审专家不可能精通所有的民族传统体育非遗项目,有些专家甚至完全不认识一些少数民族的传统体育非遗项目,这种

情况下如果只是依据书面申请材料来进行判断与认定，那么必然会影响评审工作效率和进度，影响认定的权威性和准确性。此外，有的民族传统体育非遗项目的传承人是年纪很高的老年人，而新一代的传承人还未认定，容易造成非遗传承的断层问题。民族传统体育非遗传承人认定效率低的客观事实与传承人保护形成了明显的矛盾，最终不利于保护与传承民族传统体育非遗。

第二，我国认定民族传统体育非遗传承人，主要以申报人的书面申请材料为依据，现实中有些个体或集体为了一己私利而在申请中填写虚假信息，用造假的手段企图蒙混过关，这就给评审工作增加了难度，也影响了评审的公平性。

第三，当前我国民族传统体育非遗传承人的认定机制是只认定一人为某个项目的代表性传承人，这就对民族传统体育非遗的系统性、整体性造成了破坏，也使非遗所依赖的生态系统受到了打击。有些非遗项目的表演或相关仪式需要以团体为单位才能完成，倘若将传承人只认定为其中某一个人，那么必然不利于从整体视角来传承与保护该项目，而要保护非遗项目的完整生态环境，对非遗项目进行系统性和整体性保护，就建议对整个团体进行认定。

(二)尚未建立数字化传承人档案

民族传统体育非物质文化遗产传承人通过口传、身授将技艺传授给下一代，这种传承方式非常不稳定，一旦传承人病逝，传承将无法延续。当今时代是信息化时代，视频、照片、数据库等数字化保存方式可以将民族传统体育非物质文化遗产技艺进行长久的保存，运用数字技术将丰富内容演示出来，有利于保留民族传统体育文化的原貌。

(三)不够重视对传承人的保护

我国主要由政府部门来保护非遗传承人，政府部门在这方面主要从事对代表性传承人的推荐、认定及保护工作。推荐与认定代表性传承人这两项工作和保护传承人的工作相比较为简单，可操作性强，而且投入的资源也相对较少，短期内便能看到成果。而保护传承人需要做大量的工作，投入大量的成本，且见效慢。所以政府部门在推荐与认定传承人方面投入了很多精力，而不是特别重视对传承人的保护。

（四）传承人的保护效果不佳

当前，我国在民族传统体育非遗传承人保护方面尚未取得令人满意的效果。下面从三个方面来说明这个问题。

第一，政府保护民族传统体育非遗传承人，只关注改善他们的物质生活条件，忽视了对传承人在传统技艺传承中所需的文化空间的保护，忽视了对未来发展空间的创造。

第二，没有将经济效益和文化效益的关系处理好，对经济效益过分追求，用商业化手段包装民族传统体育非遗项目，开展一些商业性的宣传与演出活动，形式化严重，商业色彩浓厚，完全背离了非遗保护的初衷，与非遗依存的生态环境相脱离，不仅起不到保护的作用，反而加快了一些濒危项目消失的速度。

第三，政府保护在民族传统体育非遗保护机制中占据主导地位，但政府部门一味大包大揽，增加了工作负担与难度，也因为缺乏监督而影响了公平与公正。

四、民族传统体育非物质文化遗产传承人保护的策略

（一）广泛普查，科学认定

在民族传统体育非遗传承人的保护过程中，首先应该开展的工作是广泛普查。我国各个民族的传统体育项目形式多样，内容丰富，广泛普查各民族传统体育非遗项目的传承人是一个十分浩大而艰巨的工程，为有序普查，政府部门应成立专门的团队来开展调查工作，启动民族传统体育非遗传承人调查、认定、命名等工程，在实施这些工程的过程中可以邀请或委托多学科专家参与传承人普查与认定工作，如文化学专家、体育学专家、民俗学专家等，有了这些专家的参与，更能保证普查与认定的全面性与科学性。

（二）建立专门的组织机构，统筹规划与管理

现阶段，我国参与非遗保护工作的政府部门有财政部、文化部、教育

部、建设部、发展改革委、国家民委、旅游局、文物局等,涉及众多管理单位,存在多头管理的问题,而且各管理单位的职责不清晰,容易造成管理混乱的现象,从而影响管理工作效率,进而对非遗保护的效果造成制约。此外,现有的管理单位中不包括体育部门,这不利于保护民族传统体育非遗及其传承人。对此,体育行政部门应成立专门的组织机构来对民族传统体育非遗传承人的保护进行统筹规划,在专门机构配备专业团队,对科学有效的保护方案与管理规划进行制定,并与文化部、教育部等多个行政部门联合起来而更好地保护民族传统体育非遗及其传承人。

(三)加大投入力度,保护传承人的权利

保护民族传统体育非遗传承人,就要改善他们的物质生活,为他们提供津贴补助,使其没有生活上的后顾之忧,将更多的精力放在对民族传统体育非遗的传承上。然而,政府是根据民族传统体育非遗传承人的各级认定结果来发放津贴的,如果只由政府部门提供资金补助无疑会增加政府的财政压力,而且也是不现实的。对此,有关部门要广泛开辟资金筹集渠道,在保护传承人方面加大资金投入力度,甚至可以设立专门的经费。此外,政府部门应鼓励传承人围绕非遗项目而开展各种活动,如表演、传艺、出版、培训、讲学等,从而获取一定的经济利益。

(四)全社会共同参与,为传承提供有力保障

如果只依靠政府行政部门去保护民族传统体育非遗及其传承人,那么会增加政府的工作负担和压力,而且保护效果也不明显,要提高各方面保护工作的效率和最终的效果,就要求全社会共同参与民族传统体育非遗传承人的保护工作,在共同参与的过程中,各方面都要积极发挥自己的作用,履行自己的职责,并注重协同合作。具体来说,政府及社会的主要参与方面及各自的作用和职责如下。

第一,体育行政部门在民族传统体育非遗传承人保护中担任统筹者、组织者及决策者的角色,保护传承人是其义不容辞的责任与使命。

第二,学术界致力于对民族传统体育非遗传承人挖掘、普查、认定及保护的学术研究,为传承人保护提供科学的理论依据。

第三,社会媒介开展民族传统体育非遗的普及工作,借助舆论优势而进行广泛的社会教育,使全社会关注民族传统体育非遗及传承人。

第四,社会企业及相关团体应在资金、法律等方面为民族传统体育非遗传承人提供各种必要的帮助。

总之,只有建立社会共同参与的传承人保护机制,使社会各界将自身的优势、作用充分发挥出来,才能达到良好的保护效果,也才能保障传承人更好地开展传承活动。

(五)科学培养专门的传习人

当前,我国民族传统体育非遗传承与发展中面临着传承人流失的严重问题,对此,当务之急是对新的传习人进行培养。在民族传统体育非遗传承人保护中,不仅要保护现有的已经得到认定的传承人,还要积极培养新一代的传习人,如此才能保障非遗传承的连续性,避免传承断层。对此,政府部门应制定激励政策和相关措施来号召与鼓励青年人对民族传统体育文化予以学习,积极参与民族传统体育活动。体育行政部门应协助非遗传承人对恰当的传习人进行挑选与培养,提供资金与政策支持。传承人在选拔与培养传习人的过程中,不能只是机械地传授技艺,更要结合时代特色而在传承活动中促进民族传统体育非遗文化质感的提升,为传统非遗项目注入新鲜的血液,使其充满活力,从而调动年轻人学习与参与的积极性。在培养传习人方面教育部门应充分发挥职能作用,在学校开展民族传统体育非遗项目的相关教育活动,对高素质的传习者进行系统培养。

第三节　民族传统体育非物质文化遗产的法律保护

一、民族传统体育非物质文化遗产法律保护的现状

新中国成立后,党和政府开始重视民族传统体育,目前我国对民族传统体育非遗的保护还没有专门的法律法规,只有部分条文散见于体育法规中,如《中华人民共和国体育法》第十五条指出:国家鼓励支持民族、民间传统体育项目的发掘、整理和提高;《全民健身计划纲要》第二十二

条指出:挖掘和整理我国传统体育医疗、保健、康复等方面的宝贵遗产,发展民族、民间传统体育。① 由于缺乏专门的法律法规,导致民族传统体育非遗法律保护现状不容乐观,下面具体从三个方面来分析我国民族传统体育非遗的法律保护现状。

第一,民族传统体育非遗的内涵丰富,而且具有民族性、独特性、多样性,所以保护方式也是多样的,不管采用哪种保护方式,都要以立法保护为基础,立法保护是根本性的保护,只有健全的立法保护才能保障行政保护、财政支持、知识产权保护等的顺利落实。但我国在这方面的立法滞后,没有专门的非遗保护法,导致保护方法存在不统一、不系统的问题,从而影响了民族传统体育非遗保护工作的有序开展。虽然我国加入了《保护非物质文化遗产公约》,但公约并不等于国内立法,就国内立法而言,非物质文化遗产还不是一个法律上的概念。从国务院公布的第一批非物质文化遗产名录看,民族传统体育不是以独立的类别列出,而是以"杂技与竞技"的形式出现。而且民族传统体育在地方立法中有"杂技与竞技""传统体育与竞技""民俗及传统体育竞技""游艺、传统体育与竞技""表演艺术"等称谓,可见民族传统体育归类难以统一和准确定位,也就难以进行标准化的法律保护。②

第二,法律制度作为一种具有强制效力的制度,必须有相应的管理和参与体制,其中涉及政府这个重要主体。体育政府部门虽然在民族传统体育非遗的挖掘、整理、传承与发展中做出了卓越贡献,但其在部际联席会议中没有一席之地,部门配置的缺憾影响了民族传统体育非遗的法律保护。

第三,民族传统体育非物质文化遗产不仅是一种身体文化技能,更包含很多文化元素,因此我们要树立整体保护的意识,充分把握非遗的特点,重视对文化空间的科学认定,文化空间对明确民族传统体育非遗保护的基本范围起到决定作用,文化空间的认定也是进行民族传统体育非遗认定的重要环节之一。目前我国民族传统体育非遗的认定主要倾向于技术技能层面,缺乏对民族传统体育文化空间的认定

---

① 张春燕.我国民族传统体育非物质文化遗产法律保护现状与路径[J].武汉体育学院学报,2011,45(10):15-18.

② 韦李,殷晓辉.新形势下民族传统体育非物质文化遗产的法律保护[J].山东体育科技,2014,36(03):5-7.

与整体保护意识，存在"泛文化遗产论"的观点，导致非遗认定与保护存在不规范的问题。

二、民族传统体育非物质文化遗产法律保护的建议

(一)出台专门的法律法规，适度弱化保护权利

针对我国民族传统体育非遗保护中法律缺失的问题，政府部门应尽快出台专门的法律法规，从而为非遗保护工作的开展提供法律依据和法律保障，这也是落实体育法制建设的必然要求。在制定专门法律法规方面，可以借鉴国内外与非遗相关的法律规定，但必须立足我国国情与非遗保护的现状。在法律法规的制定中，要明确规定民族传统体育非遗保护的范围、内容、方针、有关部门的职责、经费来源、相关主体的法律责任、激励机制以及非遗认定、保护和抢救的相关标准。

民族传统体育非遗是我国民族传统文化的重要组成部分，因而像其他传统文化一样公共属性很强，基于这一特征，我们在民族传统体育非遗保护中，应逐渐弱化权利主体的绝对排他权，而强调保护的公共效应，避免权利主体垄断权利，我们既要对权利主体的合法权益予以维护，又要使多个地区和不同社会阶层的人民群众都能够了解民族传统体育非物质文化遗产，促进民族传统体育文化的广泛传播与持续发展。

(二)完善传承机制，加大政府监管力度

民族传统体育非物质文化遗产具有传承性，有多种多样的传承方式，如社会传承、师徒传承、家庭传承、群体传承等。传承人掌握了丰富的非遗相关知识，并有着高超的技艺，可以说是民族传统体育非遗活态传承的核心主体和重要代表性人物。所以，我们要做好对民族传统体育非遗传承人的普查、认定与保护工作，充分发挥传承人的重要价值，从而对民族传统体育非遗进行更好的保护。政府部门应加大对传承人认定的监管力度，保证认定的公平性和权威性，此外还要对传承人开展的传承活动进行规范与监督，使传承人依法开展各种形式的传承与保护活动。

(三)提倡地方立法,进行针对性保护

我国是一个多民族组成的国家,不同民族在地理环境、文化风俗、生活习惯、宗教信仰等方面都存在不同程度的差异。我国民族传统体育项目众多,各少数民族的传统体育项目也是各具风格,独具特色,一些少数民族传统体育项目只在本民族较为普及,而在其他民族则很少见。因此针对各民族的实际情况而进行地方立法来保护各民族传统体育非遗项目很有必要。各地政府应从本地社会环境出发而灵活制定与本地所分布的民族的传统体育发展情况相匹配的相关法律制度,并完善现有法律法规的不足,健全地方法律体系,明确规定关于民族传统体育非遗保护的范围、内容、标准、职责等事宜,同时也要对民族传统体育非遗的类别予以明确,对其归属予以规范,从而提高保护的效率。

第四节　民族传统体育非物质文化遗产的数字化保护

一、民族传统体育非物质文化遗产数字化保护的重要性

随着社会的进步与科技的发展,在民族传统体育非遗保护的范畴中,数字化保护成为广大学者与研究人员探索的重要范式。利用数字化技术将民族传统体育非遗信息资源进行数字化转化,不仅在处理较大数量数据方面可发挥重要作用,还可以避免由于自然、人为等因素造成的信息资源流失与破坏。利用数据挖掘技术分析并应用搜集的数据,能够为使用者提供更有价值的信息,从而促进民族文化在世界范围内的交流。对民族传统体育非遗进行数字化保护,建立开放性、互动性的数字平台,不仅可以满足非遗保护、民族特色保留、民族精神传承以及体育娱乐与体验等现实需求,还能积极探索更为先进与高效的非遗保护手段,提高保护效率。因而对民族传统体育非遗进行数字化保护,不仅是民族传统文化发展的内在需要,也是国际文化交流的必然要求。

二、民族传统体育非物质文化遗产数字化保护的途径

(一)提高认识,更新观念

关于民族传统体育非遗的挖掘与保护,近年来政府给予了高度重视,而且在国民经济发展中,文化遗产数字化的地位及其对科技、文化、经济的带动作用也越来越显著。国内外文化遗产数字化发展在思想上存在差距,对此政府有关部门应深入认识数字化生产力的作用,更新观念,充分利用数字高新技术手段,通过数字化方式合理挖掘、大力保护与传承民族传统体育文化遗产,并加强数字化开发与利用,这样才能更好地把握机遇,抢占文化与技术的制高点。

(二)完善法律法规体系

在民族传统体育非遗数字化建设与保护中,各级政府部门应立足实际,制定并不断完善关于文化遗产数字化建设与保护的相关激励政策,从法律、法规方面提供支撑与保障,促进民族传统体育非物质文化遗产的数字化发展。

此外,要特别重视民族传统体育非遗数字化知识产权的保护,设立民族文化产权交易中心,在民族体育文化遗产数字化保护与利用中,明确政府、社会及个人的权利和义务。在制定相关政策法规时,要考虑政策的科学性、可操作性和前瞻性,从而充分发挥政策法规的保障作用,营造良好的政策环境,促进民族传统体育非遗的数字化保护和传承。

(三)建设科学规范的标准化体系

采取数字化方式保护民族传统体育非遗是一项系统工程,具备良好的数字化技术及达到管理的标准化是实施这项工程的基础条件。目前,我国还未建立起规范的民族文化遗产数字化标准体系,所以在这方面必须加快建设步伐,尽快建立基础标准、技术标准、行业标准和管理标准等不同标准,构建不同层面的标准化体系,同时积极参与国际标准的制定和完善,随时了解国际标准的新变化。

(四)分阶段进行保护

民族传统体育非遗的数字化保护是一个系统工程,大体可分为两个阶段,如图 5-1 所示。

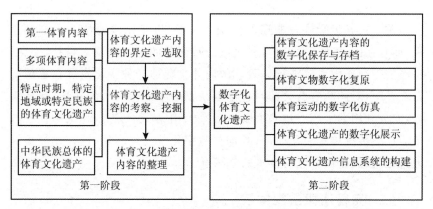

图 5-1　少数民族传统体育文化数字化保护途径的两个阶段①

1. 第一阶段

第一阶段主要包括民族传统体育非遗的界定和选取、考察和挖掘以及整理等工作。

2. 第二阶段

第二阶段主要包括民族传统体育非遗的数字化保存与存档、数字化复原、数字化仿真、数字化展示以及信息系统的构建等工作。

在民族传统体育非遗的数字化保护中,要按图中的步骤分阶段有序开展保护工作,循序渐进,不断深入,以提高保护效率和效果。

(五)建立科研平台和数据共享中心

首先,充分整合文化、教育、旅游、信息等行业的资源,在高校遗产

---

①　刘雨,李欣.少数民族体育非物质文化遗产的数字化保护研究[J].西安体育学院学报,2019,36(04):469-473.

数字化科研基础上成立民族传统体育非遗数字化建设研究院,研究院主动与政府合作,共同制定民族传统体育非遗数字化建设发展规划、数字化抢救保护计划等,同时共同完善数字化抢救方案、认定程序、评估标准。

其次,以数字集成软硬件系统平台为核心而尽快实施非物质文化遗产数字化基础工程,建立民族传统体育非遗数字化资源信息库和数据共享中心。

最后,建立数据共享平台后,加强对各国民族体育非遗的调查研究,并采用数字化技术采集信息,建立能够反映国内外民族体育非遗资源概貌的信息数据库,并构建与完善数字化评价体系,为政府决策提供重要信息。

(六)培养优秀的复合型人才

民族传统体育非遗的数字化保护工作具有很强的技术性、系统性和持续性,有必要将文化遗产数字化教育纳入学科体系建设中,使各高校、科研机构深入研究非遗保护的数字化技术,并大力培养懂文化、通管理、精通数字技术的复合型人才,使其成为民族传统体育非遗数字化建设与保护的重要力量,提高中华民族传统体育非遗的研究水平和层次,推动民族传统体育非遗的可持续发展。

培养优秀复合型人才应做好以下工作。

第一,科学建立融"多渠道培养、多方式激励、多层次使用、多方位服务、多元化评价"于一体的复合型人才培养机制,为人才培养提供专项资金,在培养本地化人才的同时不断引进外来人才。要特别重视对文化艺术人才、文化科技人才、文化经营管理人才等新型人才的培养。

第二,高校充分利用人文、艺术、民族、信息、工程等学科资源而履行培养复合型高层次人才的重任,完成育人使命。

第三,加强对外合作与交流,建设有层次、有特色的专业人才队伍。

(七)加强交流与合作

加强国内外交流与合作是民族传统体育非遗数字化建设与保护的重要路径,因此要建立和完善交流合作机制、专家咨询机制,在资源、技术、专业人才等多个领域展开交流与合作。我国在文化遗产数字化建设与保护方面已经采取国际合作模式的代表有数字故宫、数字敦煌等,参考这些成功的案例来推动民族传统体育非遗的数字化传播与发展具有重要意义。在数字化发展的国际合作中,要充分利用国际社团的资金、设备、人才以及经验等资源,从而不断增强自身的自主创新能力和竞争力。①

---

① 王耀希. 民族文化遗产数字化[M]. 北京:人民出版社,2009.

第六章　非遗保护视角下民族传统体育文化的多元化发展

在非遗保护的视角下,我国有许多优秀的民族传统体育文化亟待进行系统的、全面的保护和发展,否则,在全球化的冲击下,有些重要的民族传统体育将面临逐渐消失的境况。另外,随着中国国力的强盛以及社会的飞速发展,我国的民族传统体育文化也应该紧紧跟随国家发展的整体步伐,寻求多元化的发展。本章将以非遗保护视角下民族传统体育文化在学校的发展、非遗保护视角下民族传统体育文化的产业化发展以及非遗保护视角下民族传统体育文化的国际化传播与发展展开详细的阐述。

第一节　非遗保护视角下民族传统体育文化在学校的发展

一、民族传统体育教学的现状

在非遗保护的视角下,将我国的民族传统体育文化引进校园,是一个非常重要的举措,经过近些年的实践,已经取得较为突出的成绩。具体来说,学校民族传统体育的教学活动,就是将我国传统民族体育活动从民间自然自发的认识、了解、学习和传承,引进到学校的教育系统,借用普及教育的体系,全面地、规范地对民族传统体育文化进行有计划、有目标的发展和传承,在我国教育改革的基础上,对学校民族传统体育教学发展进行了一系列的研究和实验,在取得一定成绩的同时,也暴露出了不少的问题。以现阶段的情况看来,还有一些现实的问题和困境制约着民族传统体育在学校系统内全面快速地发展,它们主要体现在以下几个方面。

(一)教学组织的现状

就现阶段而言,我国校园民族传统体育的教学组织形式,是以班级为基本单位,以课堂教学为基本形式,以兴趣小组为辅助形式。这样的教学组织模式对知识和技能的普及教育非常有利,可以整体把控学习进度和学习质量。但是,对于传统民族体育的教学与实施,还存在一些不足。

1. 应试教育模式的局限性

我国现行的教育体制还是以应试教育为主,教育的组织形式和教育的主要目标相一致。比如,"体育是副科,不如主科重要"的思想观念很难彻底改变,无论教师、家长还是学生,都以升学、毕业、就业作为学习的主要目标,甚至是唯一目标。在这样刻板观念的长期影响下,如果想要实质性地弘扬和发展民族传统体育文化,还需要从教育的根本观念上进行调整,才能改变现有的教学组织形式,脱离应试的局限,充分激发广大学生的个性发展,进行多方面的尝试和发展。

2. 民族传统体育的独特性

我国的传统民族体育文化都具有悠久的历史文化积淀,它们经无数次的社会变革和时代变迁之后,仍能流传至今,主要是依靠其民族情感和民族凝聚力,是在理解和认同其民族价值观和文化内涵的基础上进行传承和沿袭的结果。而学校教育更多的是面向全民族的普及教育,对于绝大多数学生来说,很难体会理论知识之外的民族情感,那是只有本族族民才具有的民族自豪感和归属感。从实践经验来看,学生从认知上可以理解民族传统体育具有厚重的民族历史和文化,但是在体验上他们很难产生切身的责任感和归属感,或坚定决心愿意投入巨大的精力和时间,去刻苦学习和传承一种运动技能。例如,很多学生一开始都对武术充满不切实际的幻想,以为可以轻轻松松就能成为武侠小说里武功盖世的大侠。然而用不了多久,绝大多数同学都会面对现实,即如果没有几年甚至十几年的长期刻苦训练,是不可能真的掌握武术技能的。

3. 课外兴趣活动的随意和无序性

课外兴趣小组活动是开展民族传统体育文化的一个重要组织形式,是学校体育活动的重要组成部分,也是实现学校体育教学任务的重要途径之一。因此,课外兴趣小组活动是直接影响学校体育教学成果好坏的重要因素。由于是课外兴趣主导,因此在内容选择和安排上随意性较强。比如,有的学校根据当地的风俗和实际情况,选择具有当地民族特色的运动项目进行开展,有的学校选择以传统武术为主要活动内容,更多的是以武术课的教学内容为基础进行的课外拓展。在教学安排上,活动开展得没有系统,较为零散。在师资队伍上,主要以武术专职老师为主,以其他体育教师和班主任为辅,以校外聘请的专业人士为补充。

这种多样化的发展模式,尽管是因地制宜的一种灵活性体现,同时也导致了民族传统体育的课外兴趣活动存在一定程度的无序性和随意性,这种方式的缺点是很难让学生掌握民族传统体育文化的精髓。如果仅仅是学习一些粗浅的认识,甚至对民族传统体育产生认识偏差,逐步陷入无限循环的"锁定"状态,那将会产生事与愿违的后果。主要可体现在以下几个方面。

(1)缺乏专业教师的指导

民族传统体育项目与主流的运动项目不同,它们本来就因为普及度不高、专业性强而少为人熟悉,因此,普通的体育老师很难胜任兴趣小组指导教师的任务。缺乏专业的教师指导,那兴趣小组的发展就举步维艰。由于专业师资的缺乏,传统体育兴趣小组的指导老师大多数是由体育教师兼任,那么导致的直接后果就是,这些非专业教师对技术体系的教学只是停留在比较粗浅的阶段,同时对民族传统体育所蕴含的传统文化及民族精神更是知之甚少,在实践过程中,势必会造成学生对民族传统体育的误解和误读。也就是说,尽管我们有不少学校都陆续开展了民族传统体育兴趣小组,甚至有的还表现得相当热烈,然而深究的话,其实很少能达到真实的教学效果。

(2)教师自身的认识偏差

由于学校在课程组织上就体现出对传统体育教学的随意性,因此作为指导教师也缺乏足够的重视。他们会把主要精力用在自己的主职科目上,因为有严格的考核机制,而课外兴趣小组仅仅是一个课外的补充内容,没有考核和教学任务的监督,其教学内容大多都是随意安排,甚至到了期末阶段,将兴趣小组的活动时间赠予其他"主科"教师,成为另类课外辅导课的现象时有发生。如此这般,兴趣小组常常只是一个展示性的存在。

(二)教学方法的现状

1. 传统的标准化输出式教学方法的弊端

我国学校民族传统体育教学多采用讲解、示范和练习的传统方式进行,它普遍强调的是教师的主导作用。这种教学方法对于整体上把控教学质量,特别是基础性的知识和技能具有显著的优越性。但是随着时代的进步,教学观念的不断发展,对教学研究的不断深入,以及对教学要求的不断提高,当代教学观念逐渐从片面强调教师的"教",转变为重视学生的"学",这些对学校民族传统体育的教学方法也带来极大的促进作用。

现在普遍的教学观念是以学生为主体,重视学生的个性和主动性的培养。显然,如果继续用传统的"填鸭式"方法进行民族传统体育的教学是非常不适宜的。因为民族传统体育与当今主流的竞技体育有所不同,其中一个重要的区别是民族传统体育具有强烈的文化内涵,其精神特质与技术动作是相互依存的、彼此呼应的。而"填鸭式"教学仅仅适用于技术动作的传授,对于其背后的民族历史、文化、审美、价值观等精神层面的理解和体会,需要启动学生的深层学习动机。而且,民族传统体育具有丰厚的历史积淀,并不是一朝一夕就能深刻体会到的,它需要一定的时间去消化、理解和掌握。

2. 逐步开展以学为主的新型教学改革

值得庆幸的是,目前有不少学校已经开始进行对教学方式的改革和创新,从原来的以教师的标准化的输出为主,转变为以激发学生的主动性和学习热情为主。向着逐步淡化教法而倾向于强调学法的过程转变。特别是在民族传统体育的教学方面,教师主要以激发和保持学生的学习动机和学习兴趣为主要职责,督促学生主动展开学习。

教学的主要目标是让学生掌握一定的知识和技能，然而以往以"教"为主的教学方式尽管有其固有的优势，但不足之处在于忽略了学生的主体性，因为归根结底"教"不是目的，学才是目的。因此，应该紧紧围绕着学生的"学习"为核心展开教学。以武术的教学为例，我们通常把武术的学习方法看成是教法，过于突出"教"的一面，因此讲解和示范占据着课堂的大部分时间。一堂武术课下来，经过教师大量的讲解和示范工作，究竟产生了怎样的教学成果，学生学到了多少招式仍是个未知数。当发现了这样的教学困境之后，现代的武术教学方法逐步向"教法本质是学法"的观点转变，各个教育机构的教研方向转为注重学习方法和应用。将教学工作与教学目标重新做了梳理和深化。比如，武术的教学目标不是教师教了多少内容，而是学生切实地了解和掌握了多少武术的知识和技术动作，并且能够初步使用，进而成为自身具备的一种能力，就像学会游泳、自行车或者驾驶技术一样，能够在需要的时候运用到生活实践中。因此，在教学中应该将关注和努力的重点放在如何让学生更有学习主动性，如何能更快且准确地掌握某项技能，给学生更多的主动探索和大量练习的空间。而教师将大部分精力放在对教学方向的引导和教学过程的管理上，从原来处于教学过程的输出主体提升为过程的设计者和推动者。

（三）教学评价的现状

教学评价是教学过程中非常重要的一个环节，是对过往教学活动的总结，又是对今后教学活动的展望，是保证教学效果和提升教学水平的重要保障。评价既是对客体事实的厘清，也是从主体目的出发对客体价值的判断，是事实判断与价值判断的统一。因此，具体来说对教学评价的过程就是对教师的"教"和学生的"学"的事实判断，以及对教学过程与教学结果的价值判断的过程。就目前看来，在教学实践中还存在着如下一些问题。

1. 有关学生的评价方式较为单一

针对民族传统体育的教学活动，目前对学生学习情况的评价还有些单一的倾向。目前大部分学校针对学生的评价，主要是期末考试阶段的"测量"，而对于应用层面的关注和"测量"则缺乏关注。然而，在民族传统体育中,很难确定一个客观的"测量"标准。因此,多数情况是沿用竞技体育的一套评价标准对学生进行考核,这种极度量化的评价体系,根本无法客观地描述学生的学习情况,它更像是对体育课的一个补充评测,与民族传统体育的技能水平不是强相关的关系。这时候需要引入"定性"的评价方式,比如采用诊断性和形成性等非测量评价方式能够及时帮助学生发现问题、改进学习方法,从而起到评价的根本目的。学生学习民族传统体育可以产生两方面的价值,其一是借助学校的正规教育体系将我国优秀的民族传统体育文化进行传承,且对丰富学生的知识体系、开发其潜能与个性具有积极意义;同时,通过对民族传统体育的学习,可以发展学生的学习能力和学习方法,特别是锻炼其持续地、长期地精进某一项技能的耐力和毅力。因此,对学生的评价应该加入对学习方法和毅力品格的定性评价,才会更加全面和客观。

2. 有关教师的评价体系不够科学

在民族传统体育的教学过程中,教师的因素非常关键,尽管逐步朝着以学生为主体的教学模式发展,但是这不代表教师这一角色不再重要,事实恰恰相反,在教师从教学任务的输出者向教学过程的引导者变迁中,其实是对教师提出了更高的要求。对教师教学工作的评价过程也是促进教师这一角色转变的过程,然而在具体的实践中还存在着不够理想的情况,主要表现在以下几个方面。

(1)缺乏系统的评价方案,评价程序与内容均缺乏理论依据,往往流于形式。当然,教学方法的改变不是一蹴而就的事情,需要一个合理的时间进行过渡和适应,这也是我们必须面对的一个客观事实,只有直面问题才有可能真正解决问题。就现状来看,绝大部分学校都还没有能力对教师进行系统的、全面的评价。现行的评价依据仍然是以成绩或者升学率这一单一指标为主。由于民族传统体育教学不直接涉及升学,因此,对教师的评价内容中并没有纳入民族传统体育这一项。也就是说,对民族传统体育教师的评价是相对宽泛和随意的,基本上处于流于形式的状态。

(2)在对教师进行评价时,注重共性而忽视个性,其结果显然无法体现民族传统体育教师的真实价值。由于民族传统体育学科与其他学科的区别,民族传统教师的工作性质和工作方式与其他学科的教师也存在较大差异。由此在评价的时候就应该加以区分,不能笼统地归于全体评价体系之中,还应该根据教师的专业特点酌情考虑。现阶段,对教师的评价体系还未能做到细化,基本特征就是注重共性有余,而体现个性不足。直接结果就是对民族传统体育教师的评价出现偏差,其真实的价值很难如实体现,长此以往必然会影响他们投身教学的积极性,从而影响了民族传统体育的传播和教学进程。

（3）另一个比较突出的问题是"重量轻质"的评价方式,也严重影响着民族传统体育的教学质量。民族传统体育是一门综合性很强的学科,其教学过程较为复杂,既存在技术动作等可量化的因素,又存在精神培育等不可量化的因素。因此,其评价体系也应该对两个方面的内容都能进行描述和评价。而现有的情况确实仅仅针对民族传统体育课的课次、内容等进行量化和描述,而缺少更为重要的价值评价指标。比如,很多学校在对民族传统体育教师评价时,只是简单粗暴地将课时相加,而对教学质量却没有评价方式。可以说这是一种不够科学、不够负责任的评价。因为,教师上了多少节课与学生的实际掌握情况并不是正相关的关系。民族传统体育的教学有其特殊性,掌握技能是培养接班人的一个方面,而弘扬传统文化和培育民族精神才是开展学校民族传统体育的长远目标。因此,如何对民族传统体育教师的教学工作进行科学的价值评价,建立相应的评价体系,体现教师的真实价值,激发其内在动力,是学校和教育系统应该尽快解决的问题。

二、民族传统体育文化在学校中发展的意义

（一）利于传承民族传统体育文化

民族传统体育是中华民族几千年来在生存、发展和适应自然环境的实践过程中逐步总结、提炼出来的民族智慧与结晶。但是由于全球化的影响,西方的体育文化在我国得到广泛流传,且发展出强大的群众基础,具有广泛的普及性和传播性。相比较而言,我国自己的民族传统体育文化却处于弱势地位。特别是一些民族性较强、传播性较低的项目,已经面临逐渐削弱,如果不及时加以保护和传承,很可能面临消亡的处境。因此,民族传统体育课程的实践具有特别重要的意义。通过在学校的开展和实施,有利于推进、保留和延续这些民族体育文化,利于民族传统体

育文化的传承和发展。

(二)利于学校体育与终身体育的接轨

学校体育还有一个非常重要的使命,就是培养学生终身体育的习惯,它需要多方面地激发学生的个性,发展符合自己的性格、特长、兴趣以及与生活条件相适宜的运动兴趣和习惯。而民族传统体育对于大多数学生而言是一个相对新鲜的事物,与他们平时生活中司空见惯的一些运动形式不同,这些民族传统运动充满个性,形式迥异,这恰好符合儿童少年天生喜欢新鲜事物的特性,可以加强他们想要运动的兴趣和热情。民族传统体育是普通竞技体育的补充,对于丰富学生的运动选择,提高运动兴趣,对促进学生养成运动习惯具有帮助,从而能够为终身体育的养成创造条件。

三、民族传统体育教学路径的拓展

(一)充分利用多媒体教学

当前中国的互联网以及移动互联网应用位于世界领先地位,高度发达的网络技术和先进便捷的多媒体技术都可以成为有力的教育手段,应该充分地利用起来,特别是像民族传统体育这种形式多样、内涵丰富,而身边的现成资源却相对有限的体育运动项目,还有一些属于非遗保护项目的民族体育项目,特别适合利用网络与多媒体等数字技术对教学进行补充。比如教师可以通过互联网上的丰富资源作为教授民族传统体育文化的观摩资料,开阔学生们的民族传统文化知识视野,加强对民族文化知识的理解,进而对传承民族传统体育文化起到积极效果。

(二)新旧教学方式进行有机地结合

传统的体育教学方式以教师的讲述和示范为主,体育教师在从业前都受过专业的训练,对这种教学方式也了然于心、得心应手。但是对于民族传统体育而言,体育教师也并非专家,因此,需要极大地借助多媒体技术来实现教学。在这个过程中,要特别注意对两种方式的应用尺度的协调,以及做到有机结合,才能起到良好的教学效果。比如,在传统体育课上,教师仍沿用口头讲述和亲身示范相结合的方式教学,而在民族传统体育课上却几乎完全依赖多媒体的演示,而疏于实际操练。这样势必不能得到良好的学习效果。因此,体育教师应该努力将传统教学方式和新技术的教学进行有机地结合,保证教学方式的连贯性、完整性,真正做到让新技术服务于体育课堂,而非仅仅流于形式,反而降低了多媒体教学的效率。

第二节　非遗保护视角下民族传统体育文化的产业化发展

一、民族传统体育产业化概述

(一)民族传统体育产业的概念与结构

1. 民族传统体育产业的概念

民族传统体育产业就是指生产与提供不同类型的民族传统体育产品以及体育服务的行业。不管是民族传统体育服务业,还是民族传统体育的相关产业,均在民族体育产业的范畴之内。伴随着当今体育产业的快速发展,民族传统体育的产业化步伐也逐步加快。

2. 民族传统体育产业的结构

在社会持续进步与经济持续发展的大背景下,广大群众在民族传统体育产品和服务两个方面的需求都在持续增长。要想向广大群众参与民族传统体育活动提供更多便利,就有必要进一步加强民族传统体育产业结构优化的力度,尽最大努力向广大消费者提供良好的服务。要想进一步优化民族传统体育产业的结构,第一项工作是全面掌握该产业的基本构成。一般来说,民族传统体育产业主要由民族传统体育物质产品、民族传统体育信息产品和民族传统体育劳务等几个部分构成。

（二）民族传统体育产业的经营模式

在市场营销学中，存在着"五种经营观"理论，即生产观念、产品观念、推销观念、市场营销观念和社会营销观念。对于企业而言，无论是企业的经营决策，还是企业的组织和管理，还是企业的市场营销活动等都需要把"五种经营观"中的市场营销观念设定成基本指导思想。就企业来说，市场营销观念就是经营哲学观中的一种，企业能不能在市场营销观念的科学指导下开展相应的经营和管理活动，往往会直接反映出企业的态度以及思维方式。在以上"五种经营观"中，社会营销观是一项能够发挥很大作用的营销观念，这项观念指出企业在生产经营阶段，要全面兼顾消费者需求、消费者长久利益以及全社会的长久利益。

如今，民族传统体育产业化发展也成为大势所趋，作为体育产业发展的重要内容，我们也可以把比较常见的体育产业经营方式依次对应到相关的经营观念中，就能够得出民族传统体育产业的经营模式，主要包括：与服务相结合的模式、产品价格策略、销售策略、品牌策略、包装策略、沟通策略、广告策略、营销谈判策略等。民族传统体育产业化发展过程中可以吸收和借鉴其他体育产业的发展经验，避免走弯路。

二、民族传统体育文化的产业化发展现状

（一）民族传统体育文化产业的体制现状

不得不面对的现实是，我国的民族传统体育产业发展较为缓慢，体制尚未健全、起点低、基础薄弱是制约其发展的主要客观因素。若要加快民族传统体育文化的产业化发展，还需要国家从政策上给予引导，加强体制建设，加大财政投入，并鼓励社会各方力量积极投资建设，开发民族体育项目的市场潜力。通过政府的整体规划和制度保障，包括民间企业的项目经营管理指导办法、教育系统的人才培养计划等，通过结合各个区域的实际情况，构建以地区为单位的民族传统体育文化产业阵营，促进各个民族之间交流与沟通，互相借鉴和学习成功经验，使我国的民族传统体育文化产业得到全面的发展和建设。例

如,构建民族传统体育的健身娱乐市场、竞赛表演市场以及民族体育旅游市场的市场体系。在良性的市场经济环境中,让我国的民族传统体育产业获得稳步、健康的发展。

(二)民族传统体育文化产业的人才现状

民族传统体育文化产业发展的另一个问题是相关专业人才的短缺。社会的建设发展永远离不开人才,就民族传统体育文化的产业化发展而言,最稀缺的人才主要体现在两个方面,一个是民族传统体育文化的传承人或对该民族传统有浓厚兴趣和研究的专业人才,另一方面是善于经营和管理民族传统体育项目的经管人才。因此,建设民族传统体育文化产业首先要加强民族传统体育文化在学校的发展,十年树木百年树人,人才储备工作需要提前布局。同时,从长远来看,要全面构建规范的人才培养体系,各地区政府应根据当地的民族传统文化特征以及发展状态,在教育系统内深化师资建设、课程开发和教学方式的改革与优化。

(三)民族传统体育文化产业的运营现状

近些年,随着国家对非遗保护工作的展开,对民族体育文化的保护与发展的不断实施,我国的民族传统体育文化产业也得到一定推动和促进。特别明显的是与民族地区的旅游业相结合,对吸引和刺激旅游观光起到明显作用,在一定程度上带动了当地的经济复苏和城市、地区的推广。一些嗅觉敏锐的旅行社开发了针对民族地区的民俗风情专线,特别是在民族传统节庆期间异常火爆,吸引了国内外的游客前来体验独特的民间风情。但是,民族传统体育除了娱乐性和观赏性之外,还有丰厚的历史人文价值有待发扬,还有其独树一帜的竞技风采需要进一步地展现和传播,除了结合观光旅游业在娱乐休闲方向取得明显成绩以外,在其他方面的发展空间也很大,需要相关部门加紧建设的步伐,让民族传统体育文化产业尽快走上全面发展的道路,在保护和传承民族传统体育文化的同时,还能创造出巨大的经济价值,只有这样,才能保证民族持续、稳定地发展下去。

三、民族传统体育文化产业化发展的社会环境

(一)适逢经济发展的良好机遇

在全民健身事业的开展过程中,我国国民对健身运动的认识逐年提升,对健康运动和生活品质的追求也越来越高,使得我国的体育产业发展得到了极大的刺激。在这一背景下,民族传统体育文化的发展适逢其时,当人们的健康意识越来越高,对健身运动的消费需要逐年上升,而市面上常见的那些竞技体育项目乏善可陈,无论再怎样营销和包装也不能改变其单调的本质,也不能满足人们需要新鲜的运动方式来重新激活大脑和身体。这个时候,充满民族特色的传统体育项目迎来了自己的发展机遇。中国有近千种的民族传统体育项目等待着市场的开发和接受,它们充满个性和民族风情。

另外,随着我国 GDP 的高速增长,人民生活水平不断提高,在对品质生活的追求中,最明显的一点是人们将一部分可支配收入专门用于体育消费,且这部分消费所占的比例在不断增加。这也是民族传统体育进行市场化发展的另一有利环境。

(二)适逢大国崛起的历史趋势

中国在近几十年的快速崛起,成绩令世界瞩目。中国的综合国力已经步入世界强国之列,无论是经济、文明、体育还是科技发展,都日益显示出一个超级大国的水平,中华民族再次向世界显示出一个泱泱大国的雄厚实力。此时,全世界都格外重视中国,想要进一步了解中国的文化,了解这个厚积薄发的民族文明和历史,而民族传统体育文化正是一个独特的窗口。这也是我国民族传统体育文化发展的历史机遇。

于内于外,我国的民族传统体育文化的产业化发展都生逢其时,同时,在非遗保护的视角下,也到了需要迫切发展、进行保护和传承的历史时刻。因此可以说,无论是国际形势还是国内发展进程,我国的民族传统体育文化发展都迎来了最重要的发展机遇。

四、民族传统体育文化产业化的发展契机

(一)民族传统体育的多元功能使其走向产业化

在社会持续进步、体育科技持续革新的大背景下,越来越多的人了解了民族传统体育的特征以及和不同社会现象之间的联系。我国民族传统体育不仅是民族传统文化的象征,还是东方精神的象征,拥有健身功能、教育功能、娱乐功能、表演功能以及凝聚功能等多项功能,这些功能反映在增强民族意识、振奋民族精神、增强民族凝聚力等很多层面。例如,包括舞龙、舞狮在内的多项民族传统体育项目的发展不仅对传承民族传统文化有积极作用,也对增强民族凝聚力有积极作用。还需要补充的是,民族传统体育运动还有助于维持社会规范,其多元化功能往往能为自身的产业化发展奠定良好基础。

(二)社会发展呼唤民族传统体育

就国民体质健康水平来说,其不仅能对社会经济发展产生直接作用,也能对个体以及家庭的幸福指数、生活品质产生直接作用。然而,在社会与经济持续发展的大环境下,广大群众参与体力劳动的机会十分有限,加之人们面临着巨大的生活压力,从而导致体质水平出现下滑现象,给学习和工作都带了不良影响。除此之外,在社会环境恶化、社会关系复杂、生活方式不健康等多项因素的影响下,包括糖尿病在内的多种"现代疾病"对人们产生了很大的困扰。医学研究证实,严重缺乏运动是诱发"现代疾病"的直接原因。

我国民族传统体育活动在传统文化的影响下具有"修身养性"的特征,民族传统体育活动的参与者往往可以在刚柔并济、形神统一的节奏中和大自然维持相对和谐的关系,参与者最终能获得精神上的升华。除此之外,民族传统体育的自我修复、调整和保健功能也比较突出,具有显著的预防和治疗疾病的功效,参与者经常参加民族传统体育习练往往能获得祛病延年的效果。与其他类型的体育运动相比,民族传统体育在提高个体身体素质、加快疲劳恢复速度、消除脑部紧张、预防不同类型的现代文明病四大方面的作用更为显著。

(三)民族传统体育产业化拥有巨大的发展空间

在社会持续发展和进步的大背景下,广大人民群众的生活观念也发生了巨大的变化,人均收入水平持续上升,消费结构也不断优化。以往以吃和穿为主的传统消费格局被打破,享受型消费成为大势所趋。人们这种消费观念的转变对于民族传统体育的产业化发展而言具有一定的正向作用。

体育消费的产生需要具备特定的条件,以消费者视角来分析,其特定条件主要是指消费者愿意为健康投资、消费者具有实际支付能力、消费者拥有足够多的余暇时间。这三项条件缺一不可,否则就无法产生体育消费。当广大群众的余暇时间相对充足时,往往能确保民族传统体育消费产生。就现阶段来说,我国居民消费格局正好处在过渡阶段,具体就是从温饱型消费逐步过渡到精神文化型消费阶段。过渡阶段得以产生的原因是广大群众的健康意识在持续增强、生活品质在持续改善。在广大群众实际收入持续增加的情况下,人们的货币支付水平也在稳步提高,所以人们对健康以及高品质生活的向往会越来越强烈,由此就能对人们消费需求与消费结构的变化产生很大的带动作用,而民族传统体育消费恰恰可以让人们的健康需求得以满足,从根本上提高广大国民的生活水平。除此之外,为缩减医疗费用方面的开支,广大群众的健身防病意识越来越强,为健康投资的观念获得了越来越多人的认可,这些变化都会对民族传统体育产业的发展产生积极的作用。

综上所述,站在消费者的立场分析,民族传统体育产业的发展存在很大的发展空间。

五、民族传统体育产业化发展中的基础设施建设

在民族传统体育产业化发展过程中,竞赛表演业是非常重要的内容和组成部分。合理组织和开展民族传统体育竞赛,从根本上提高民族传统体育赛事水平是国民自觉参与民族传统体育赛事活动的重中之重。通常情况下,参赛队伍以及参赛运动员的竞技水平以及整体素质往往会对赛事质量产生直接影响。然而,运动员要想提高自身的竞技水平和综合素质,就必须坚持不懈地参与不同形式的训练活动,要充分认识到日

常训练活动的重要性,为此就需要探究与加强民族传统体育产业化发展中的基础设施建设,而这对于民族传统体育的产业化发展也是非常重要的。

(一)民族传统体育产业化发展中一般设施建设

1. 场地选址

运动员参加民族传统体育习练,需要在优质、齐全的运动场地设施环境下进行,良好的训练环境是提升运动员自身训练水平的重要保障。在修建民族传统体育训练场地之前,需要完成的首要工作是科学选址,选址的宗旨是为运动员参与运动训练提供更多便利,向运动员提供最好的条件和环境。下面依次分析民族传统体育运动训练场地选址的一般要求与特殊要求。

(1)一般要求

①在选择训练场地时,尽可能选择地势平坦、便于集散、空气质量高、周边环境优美的场地。

②修建训练场地时,要设法将本地的地理资源、自然资源的作用发挥得淋漓尽致,结合本地的优势与劣势来开展修建工作,避免浪费。

③民族传统体育运动训练场地选址的首要工作是大体掌握所在城市的整体规划,确保选址结果和城市整体规划协调统一,由此大幅度提升训练基地的利用效率。

(2)特殊要求

民族传统体育训练场地不但能够充当运动员日常训练场地,也可以充当比赛阶段的场地,所以说训练场地的环境和质量一定要有所保证。

民族传统体育运动训练场地选址的注意事项:第一,保证足够大的训练基地面积;第二,保证优良的训练基地环境;第三,为人们观赛提供交通便利。

2. 场地照明与灯光布置

(1)场地照明

①照度

有很多的民族传统体育项目是在室内开展的,所以这些项目的运动员往往是在室内参与日常训练活动。在修建室内运动场馆时,必须充分考虑运动场馆的照明状况,保证室内运动场馆的能见度达到项目的要求。一般情况下,室内运动场馆的水平面照度应当和垂直照度大体相同,或者比垂直照度偏大一些,如此更符合相应的标准。

②光源

在修建室内运动场馆时,光源同样是一项必须考虑的因素。金属卤化物灯尤为实用,所以被世界各国大范围应用。

③照明器

当前,市面上的照明器种类繁多,比较常见的照明器以及具体特征如下。

A. 对称式照明器。投射距离远,适用于不同类型的比赛。

B. 不对称式照明器。适用地点是比赛场地边缘。

C. 扇形式照明器。投射均匀,多数情况下用于看台照明。

④照明灯具的布置

A. 四塔式。四塔式是指在场地四角依次放置四个灯塔,主要适用于面积偏大且看台未设置棚顶的场地。

B. 多塔式。多塔式是指在比赛场地布置 6～8 个灯塔。采取这种布置方式的优势是能够弥补四塔式照度不均匀的弊端,但不足之处是出现眩光的可能性极大。

C. 光带式。光带式是指在运动场地两侧布置灯具,如此布置的垂直照度往往比较均匀,有助于民族传统体育赛事的广泛传播。

D. 混合式。混合式就是把四塔式与光带式有机结合在一起,应用范围较广。

(2)体育场灯光布置

①场地灯光照度要求

一般情况下,建议分路开放民族传统体育运动室内训练场馆,如此有助于满足运动员正常参与运动训练以及运动赛事的需求。除此之外,相关人员应当结合具体需求来调整灯的高度,调整原则是为运动员参与训练和比赛提供便利,为电视转播提供便利。

②场地灯光布置

布置场地灯光的常见方法如下。

第一,在场地上空均匀布置灯具,主要适用于举办低空间的运动项目比赛,最显著的优势是经济实用。

第二,在场地上空与侧面布置灯具,主要适用于多功能体育馆。

第三,在场外上空布置灯具,侧光发挥主要作用,主要适用于举办高空运动项目。

(二)民族传统体育产业化发展中训练器材的管理

1. 器材购置、入库与报废管理

(1)购置管理

如果运动器材存在未达标、劣质的问题,就会在一定程度上影响民族传统体育训练活动以及比赛的开展,运动员的人身安全同样难以保障。由此可见,购置符合标准的运动器材、严格把好质量关非常重要。

(2)入库管理

购买相应的民族传统体育器材后,相关人员一定要高质量完成验收工作,在全面验收的基础上进行登记入库。

(3)报废管理

不管是哪种类型的体育器材都存在一定的使用期限,超过使用期限后应当报废处理。需要报废处理的常见体育器材如下。

①国家指定的淘汰产品。

②超过使用期限的器材。

③有安全隐患的器材。

④已经被严重损坏,修复难度大或者需要花费大量资金才能修复的器材。

2. 器材的日常管理

(1)建立器材档案

正确建立器材档案是民族传统体育器材日常管理的第一步,建立过程包括以下两个步骤。

①划分器材,然后对不同类型的器材编号。

②整理并归纳有关资料,把器材的品种、名称、规格等信息都记录下来。

(2)保管好器材

民族传统体育的器材包括很多种类型,所以往往建议分类保管。例如,把常见器材置于特质的架子上,把电子设备置于干燥房间。在对各类器材进行保管时,第一步是仔细查看对应器材的说明,一定要全面掌握各类器材的独特要求。通常情况下,不建议将这些运动器材放置在露天场所,避免受到自然环境的影响。

(3)制定器材的使用制度

在日常管理中,一定要指定切实可行的器材使用制度,器材使用制度应当包含器材借用程序、非正常损坏的赔偿方案等,如此有助于器材受到更好的保护,由此增加器材使用寿命。

(4)制定器材的检查制度

要想更好地管理体育器材,制定器材检查制度同样是一项重要工作。在制定过程中,一定要全面考虑训练器材的特征。通常情况下,在比赛开始前、比赛结束后、年终都有必要全面清查所有器材。除此之外,管理人员每天都应做好器材借还的记录。

六、民族传统体育文化的产业化发展对策

(一)深入挖掘市场价值

1. 市场价值的核心是找准文化价值

地域性、传统性与民族性是民族传统体育的内在属性,在民族传统体育产业化发展的过程中,要充分挖掘其独有的特色,从独特性着手带动全面发展,并据此深度挖掘文化价值,以民族传统体育文化内涵为核心,弘扬民族传统文化。同时要尊重并因循市场经济发展规律,借鉴以往的成功经验,努力打造具有地域特色的品牌活动,同时深度开发文旅产品和周边文化产品,形成矩阵效应。尽管民族不同、地域不同甚至语言不同,但是人类追求真善美的价值观是高度一致的,挖掘民族传统体育文化的市场价值,也是挖掘人类精神追求的共性,激发人们对民族传统体育文化的认同感和荣誉感,从而放大地域民族体育文化的普世价值,打破地域的局限,让民族传统体育文化走向全国、走向世界。

2. 与时俱进结合当下社会的发展趋势

尽管民族传统体育的特色之一是传统性,因此无论在形式上还是内容上都与当下的主流文化具有明显区别,成为他们的鲜明个性标识。但另一方面,在保持自身独特性的同时,也要注意做到与时俱进,紧紧跟随时代发展的趋势,而不是消极地固守传统。实际上民族传统体育文化本身也是在动态的发展变化之中,不断地吸纳新的先进的思想和文化、增强自身的适应性,才能流传至今,因为只有适应社会的不断发展才能继续生存下去。从非遗保护的视角下,如果让民族传统体育得到健康稳定的发展,首先要寻找适应当下社会的生存方式,在良性的市场竞争中获得立足之地。

(二)政府扶持是关键

在民族传统体育文化的产业发展之初,尤其需要政府的政策指引和整体规划,比如大型的基础设施建设、教育体制的改革、市场化发展之初的制度扶持等,都需要政府从政策上和财政上给予大力的支持。政策起到宏观调控的作用,资金起到强力启动的作用,通过以点带线、以线带面从而全面激活我国民族传统体育文化产业。

在民族传统体育文化产业发展初期,体制还不够完善,市场还在摸索中寻找方向,因此有可能出现暂时的无序或不够规范的现象,这个时候就需要政府进行适时的干预和调控,让发展朝着健康、有序的方向进行。这就要求国家和地方政府加强相关的法律法规建设,保障民族传统体育文化产业的持续健康发展。

(三)民俗特色旅游发展突出

中国由56个民族组成,每个民族都有自己独特的传统文化习俗、传统节日和生活方式,他们共同构成了我国民族多元与文化多样化的整体文化氛围。而这些文化资源都可以作为开发优质旅游文化的重要基础。我国历史悠久,地域辽阔,因此在中华民族的这片土地上孕育出了丰富的民族文化,然而由于各种原因所致,这些优秀的传统文化和风土习俗可能仅仅在当地流传和为人熟知,跨地区甚至同一地区也存在极大的差异性。这些正是绝佳的文化旅游资源。因此,民俗节庆旅游产业发展空间巨大,比如地域色彩鲜明的传统体育项目,节日庆典上的民族歌舞等,都是展示民族传统体育文化的重要舞台,可以重点地开发和运营。

(四)加强品牌建设

寻求民族传统体育产业的市场化发展,首先要有品牌意识,这是市场化发展的基本准则。一个品牌代表着一种文化、一种价值观,它是高度精炼的符号,具有跨语言、跨地域、跨文明的超强传播性。我国的民族传统体育文化产业化发展,必然是以立足中国面向世界为发展战略。并且,中华民族悠久的历史和文化积淀也具备这样的实力和底气。因此,我们的民族体育产业在发展之初就应该进行品牌建设,做好品牌定位,确定品牌价值。在创立民族传统体育产业品牌的过程中,要准确定位消费群体,识别消费者的需求,有针对性地开发品牌产品,推广民族传统体育产业品牌。

第三节　非遗保护视角下民族传统体育
文化的国际化传播与发展

一、民族传统体育国际化概述

(一)国际化与我国民族传统体育文化国际化

1. 国际化

不同学者对"国际化"有不同的看法和理解。有学者指出,"国际化"应满足以下几个条件。

(1)在国际大环境下主动参与到国家之间交往中,主动与世界其他文化交流、互动、融合,能够在国际大舞台上取长补短,实现共同发展目标。

(2)努力接近国际标准或国际水平,采取多方面的路径来提高自己的技能,增强自己的竞争力和竞争优势,适应国际大环境,从而被世界各国人群接受,提高本国在国际上的形象和影响力,从而提高和巩固自己的国际地位。

(3)严格按照国际规则来办事,在各国交往与融合中形成的习惯或惯例都是需要遵循的原则,主动对自身缺少人文关怀、比较野蛮的部分内容进行删改,与世界人民达成共识。

(4)在世界范围内对资源优化配置,在文化交流中发挥我国经济优势和重要影响力,在全球积极推广中华民族文化,促进文化的国际化传播与发展。

需要注意的是,国际化是一个特殊的认识过程,具有动态性,总是处于不断变化与发展状态中,呈现出螺旋式上升的发展态势,而且不同时代的认识标准是有区别的。随着时代的进步,认识标准也会更加规范、严格和完善。

2. 我国民族传统体育国际化

在中华民族传统文化中,民族传统体育文化是重要的内容,也是我国的宝贵财富,向世人展示我们的这一文化瑰宝对于提升我国的国际影响力具有重要的作用。从民族传统体育文化发展视角而言,中华民族传统文化必然要走世界化与国际化之路,但要注意在这一过程中不能破坏我国民族传统体育的内在结构体系,不能丧失独特的中华民族精神和文化内涵,如果要以这些为代价,那么中华民族传统体育文化的国际化发展不仅毫无意义可言,而且对我国民族传统体育文化而言也是一个巨大的损失。因此,我国民族传统体育文化的国际化交流与传播不仅要与世界的价值期待和心理需求相符,还要对其独特的精神文化内涵加以传承与保护。在国际化发展中推陈出新,加强与其他国家或民族体育文化的融入互通,从而真正发挥民族传统体育文化国际化发展的重要意义。

下面分别对我国民族传统体育文化国际化发展的作用与意义进行分析。

(1)民族传统体育国际化发展的意义

现代社会中,各个行业虽然相对独立,但也或多或少存在这样或那样的联系,它们相互影响、相互交流,在不断借鉴与融合中共同进步与发展。稳定、合作、交流、发展是当前国际社会的发展主流,在民族传统体育文化方面加强国际交流与传播,意义非凡,具体表现在以下几个方面。

第一,使民族传统体育快速走向世界。虽然已经有很多外国人接受了我国的一些民族传统体育项目,但基本上处于相对独立发展态势的民族传统体育项目占多数。尽管国际武术联合会、国际龙狮联合会、国际健身气功联合会等国际性民族传统体育组织中已有多个国家和地区加入,但真正参与到我国民族传统体育运动行列中的只有少数国家与地区,这说明我国民族传统体育文化还没有在国际社会上普及,其他国家和地区对这方面的了解还比较少。所以,必须积极采取措施加大宣传力度,促进我国民族传统体育的国际化传播与发展,使真正投入到我国民族传统体育运动行列中来的国家越来越多,参与者越来越多。

第二,提高民族传统体育发展质量。我国民族传统体育文化虽然有悠久的发展史和有序的传承模式,但大部分民族传统体育项目的竞赛组织、管理等不规范,而且缺少宣传与推广。这就需要通过国际传播与交流来对其他国家开展较好的相近体育项目的成功经验加以学习和借鉴,尤其是要学习和借鉴这些项目在宣传推广及竞赛组织与管理等方面的经验。通过国际传播与交流能够使我国民族传统体育的发展更严谨规范,促进发展质量的进一步提高。

第三,培养民族传统体育国际化人才。体育的发展离不开高素质的专业人才,民族传统体育的发展同样如此,不同项目和领域的专业人才都会在本项目的发展中发挥重要的作用。在我国民族传统体育文化国际交流与传播的过程中,需要的人才既要熟悉和精通民族传统体育项目,又要具备良好的国际沟通能力。因此,加强国际化专业人才的培养是十分重要的。

加强民族传统体育文化的国际交流与传播,能够使我国民族传统体育项目更好更快地走向国际社会。要使我国民族传统体育文化的社会价值得到全面实现,就要走国际化发展之路,但不能丢失民族性,这是必然选择与基本要求。所以,新世纪我国民族传统体育文化发展的主流方向就是走向世界。通过这方面的国际交流与沟通,使各国人民建立深厚的友谊,同时为我国民族传统体育文化的繁荣发展注入新的血液。

(2)民族传统体育文化国际化发展的作用

随着我国民族传统体育文化国际传播的不断深入与发展,世界人民的体育健身形式也在不断丰富,这在一定程度上促进了我国民族传统运动方式的进一步推广,同时也促进了国家文化软实力的提升。

具体来说,我国民族传统体育文化国际化发展的作用主要体现在以下几个方面。

第一，促进民族传统体育的发展。因为地域和文化环境的不同，我国民族传统体育与西方体育所处的文化体系截然不同，但在全球化背景下，不同民族的文化在良好的国际环境中相互交流、融合、共同发展，这在全球已经达成了共识。世界文化之所以丰富多彩，正是因为有不同国家和民族的文化主动加入世界文化之林，为世界文化的繁荣发展增添了新鲜的血液和大量的营养。

我国民族传统体育文化蕴含着中华民族的思维方式、情感模式、行为习惯、审美体验等丰富的中华民族文化内涵，将其融入世界一体化的文化发展中，将对世界文化和我国文化产生积极的影响。我国民族传统体育文化以开放、友好和诚挚的态度主动与世界体育文化沟通、交流，并逐渐走向融合，这对其自身的发展必然能够起到积极的推动作用。

第二，促进民族传统体育运动方式的推广。在我国民族传统体育文化的传承中，蕴含其中的中华民族历史文化也在代代传承。中华民族传统体育文化的价值、功能和作用是多层次的，而且因其艺术文化魅力独特而受到了世界的认可与赞扬。此外，我国民族传统体育的技击搏斗属性非常突出，而且在健身养生方面拥有重要的价值和功能，因此越来越多的国外友人开始推崇和热爱中华民族传统体育。我国民族传统体育以其独特的健身养生模式而促进了世人的健康，这是中华民族传统体育的重要价值所在。

（3）促进文化软实力的提升

文化软实力具体是指一个国家的文化因素（体育价值观、制度、发展模式等）对国内的引导、动员、凝聚的功能及对世界的说服、吸引和渗透的力量。在我国的国际化发展中，文化软实力发挥着重要的作用，而文化软实力发挥作用是通过科学的作用机制实现的，该机制主要由文化软实力施力主体、文化软实力资源、文化软实力传递路径、文化软实力作用对象及文化软实力作用效果等几个结构要素组成。

综上所述，中华民族传统体育源于中国，并属于整个世界。在世界全球化竞争中，文化软实力的竞争并不亚于经济、政治及文化硬实力等要素的竞争。我国民族传统体育是中华民族的优秀文化，在一定程度上反映着我国文化软实力。民族传统体育文化具有突出的健身功能、养生功能及防身和修身功能，作为中华民族文化载体的民族传统体育是我国与世界相互沟通和交流的重要媒介，是国与国之间发展友谊的重要桥梁,在促进健康、增加友谊和推动文化产业发展方面,发挥着举足轻重的作用,极大地促进了我国文化软实力的提升,使中华民族文化在世界上的影响力更广泛和深远,使中国的文化大国形象更加深入人心。

(二)民族传统体育国际化发展的必要性

1. 世界体育文化多样性发展的需要

世界文化具有多样性特征,任何民族文化都是世界文化的重要成分,属于全人类。多样性的世界文化使得各国在文化交流中取长补短,同时也使人类文明成果的共享目标得以实现。体育全球化要求东西方体育文化相互借鉴和学习,从而获得共同进步与发展。在文化大发展、大繁荣背景下,我国要在世界范围内进一步传播与推广民族传统体育文化,使其与国际社会发展的需要相适应,在传播中要保持独特性,从而使世界体育文化更加充实与丰富。

2. 我国民族传统体育文化发展的需要

我国传统体育文化博大精深,丰富多彩。在现代社会中,民族传统体育的国际化传播、发展与世界体育全球化发展趋势及理念是相符的,这对我国民族传统体育文化及世界体育文化的和谐发展非常有利。同时,这对民族团结、互补和共同繁荣也有积极的促进作用。我国民族传统体育充满个性魅力,对世界体育文化的发展有重要的影响。因此,我国民族传统体育文化必须走向世界,在国际化背景下实现新的突破与发展。

(三)民族传统体育国际化发展的基本条件

1. 价值观念

价值观念的认同是民族传统体育文化国际化的首要条件,我国民族传统体育文化的特征与奥林匹克的宗旨完全契合。所以,要树立文化共享的科学观念,对文化功利主义坚决反对,在共同价值观念的基础上走国际化之路,从而达到双赢的目的。

2. 语言基础

在文化国际化交流中,语言沟通是非常重要的前提条件,所以要有共同的语言基础。在我国民族传统体育中,有些门派、套路动作的概念模糊,术语不够严谨规范,很难从文化的角度将其解释清楚,甚至当地人也对此认识不深,所以很难在国际上传播与推广。再加上专门的研究和翻译比较少,如果只靠音译,口口相传,则达不到系统化传播的目的。

3. 文化精神

世界文化交流是一个非常漫长、循序渐进的过程,需要一代代不间断的努力。例如,西方传教士总是坚持不懈地传播宗教文化,他们在这方面的文化精神值得我们学习。我们只有有韧劲,努力坚持,不断改进,主动融入,才能实现更好的传播与融合效果。

4. 方法技巧

我国与不同的国家、民族进行文化交流,要采用不同的策略和方法,而且交流项目不同,交流方法也不同,避免千篇一律,更不能不假思考地走所谓的捷径,要采取可靠的方法,同时要讲究技巧。

(四)制约我国民族传统体育国际化发展的因素

1. 传播因素

目前,我国民族传统体育文化的对外传播以逆向传播为主,也就是主要从欠发达国家传播到发达国家。而西方竞技体育文化的传播是从发达国家向欠发达国家传播,以顺向传播为主。顺向传播更有利于体育文化的国际化发展,提高在国际上的影响力,而逆向传播则在一定程度上制约了我国民族传统体育文化的国际化传播与发展。

2. 情感因素

我们在对待我国民族传统体育文化时,缺乏一定的否定力量,掺杂太多的感情成分,只看到其优势,过分赞美和美化,而缺乏反省与批评,言过其实的宣传和研究也有很多。例如,在太极拳文化传播中,我们过分夸大其健身保健功能,给人造成太极拳包治百病的错觉,这不仅不利于弘扬与保护太极拳文化,反而会对其国际化传播产生不利的影响。

3. 普及因素

在我国民族传统体育文化的国际化传播与发展中,因为普及程度太低,所以传播效果不容乐观。当前,虽然我们都知道民族传统体育文化是中华民族的文化瑰宝,健身价值、文化价值等都很突出,应为全世界共享。但政府和人民对此还不够关注,基本上也只是在一些少数民族地区中民族传统体育开展得较好,汉族地区开展得较少,在国内还不够普及,所以很难通过国际化传播来提高其在世界上的普及性。再加上西方竞技体育文化的冲击,民族传统体育文化在我国的普及也呈下降趋势。

4. 内容因素

虽然我国民族传统体育内容丰富,但有很多项目与现代竞技体育项目比较相似,如"轮子秋"和体操相似、"抢珍珠"与手球相似、龙舟运动与划船相似等,因此要在国际上传播这些项目有很大的难度。

5. 竞赛因素

在我国民族传统体育文化的发展中,竞赛体系不完善是一大制约因素。我国还没有建立民族传统体育竞赛体制,全国性比赛中具有专门性特点的只有"民运会",地区性比赛居多,而且规范程度低。正因为我国民族传统体育缺乏系统的竞赛体系,所以其很难在国际上争得一席之地,而西方竞技体育文化因为竞赛体系和体制都比较完善,传播与发展速度就快一些。

6. 管理因素

目前,我国缺少专门的民族传统体育管理组织机构,虽然有些项目设立了专门机构,但因为对民族传统体育传播意义的认识不够统一,所以在传播与发展中存在目的模糊、工作笼统、手段不合理等问题。

(五)我国民族传统体育国际化传播中存在的问题

1. 存在民族传统体育失真问题

民族传统体育文化历史悠久,自古以来,以师徒传承为主。但一般只有嫡系传人能够得到先人的真传,其他人要了解庐山真面目是有难度的。而且古代人认识水平有限,他们分不清某些运动是不是被人刻意神化,一般都会无条件相信,所以有些传统项目包含神秘的魔幻因素,这就导致在民族传统体育文化的国际化传播中出现了"失真失范"的严重问题。以气功为例,这项运动作为中华民族的优秀体育文化,主要是通过调整呼吸、调整身体活动和调整意识来达到强身健体、防病治病、延年益寿等健身养生的目的。但有些人因为认识偏差,或其他不良意图,会将气功的功能刻意夸大,造成了伪气功泛滥成灾的现象。一些人号称自己是"气功大师",打着为民服务的招牌到处坑蒙拐骗,对人民群众的物质利益和精神造成了严重的危害,而且威胁着社会和谐与稳定,这些不法分子的行为导致气功的声誉被毁,制约了气功在国际上的健康传播与发展。

2. 存在着一些恶性竞争

在民族传统体育文化的发展历史上,很多运动项目的生命力都很顽强,几千年来不断传承,发展至今已经枝繁叶茂,甚至名扬世界,产生了深远的影响。正因如此,传承者比较多,所以不同分支与流派之间为了争当"正宗传承者"而展开了激烈的竞争,甚至有人不择手段获取不当利益,这最终对这些项目的健康传承与发展造成了损害。以中国南拳之一的咏春拳为例,目前世界最大的武术组织就是国际咏春总会,咏春拳在世界上 60 多个国家和地区传播与发展,有将近 200 万的子弟门人,全世界很多领域都非常认可和高度追捧该拳术,尤其是武术界、影视界和军警界,咏春拳的名声早已享誉国际。咏春拳现在有很多门徒,各个分支为了谋取经济利益,纷纷自诩为正宗传人,并不计后果地诋毁其他支派,甚至以武力解决问题,这对咏春拳在国际上的进一步传播与发展造成了不良影响。

3. 一些项目过分竞技化

国际武术联合会对于武术运动的推广十分重视,并争取奥运会能够将此纳为正式比赛项目。为了使武术运动与"更高、更快、更强"的奥运会竞技要求相适应,国际武术联合会在竞技化、标准化的方向上对中国武术进行了改造,目的在于使武术运动能够拥有合乎规则的规范技术动作和统一评分标准,然后从动作难度、完成情况等方面出发对运动员的表现进行打分。但是,因为中国武术套路繁杂,不同门派武术的技法与要求有差异,所以要对其进行标准化改革非常困难,而且从现有的成果来看,并不理想,不仅没有达到预期目的,反而影响了中华武术的魅力。

一些奥委会工作人员认为中华武术和"中国式体操"没有区别,不符合奥运会"更高、更快、更强"的宗旨。而且一味按照奥运会的要求改革中华武术也对武术运动的发展不利,将难度动作(腾空飞脚、旋转 720°转体等)硬性加入连绵不断、行云流水的武术套路表演中会导致武术整体艺术风格的破坏,而且会给人一种不伦不类、不洋不土的感觉。

民族传统体育的传播与推广必须要尊重项目发展的规律,关于民族传统体育的竞技化改革与发展,需探索符合其发展规律与特点的专门方法,否则会导致其在竞技化发展的道路上出现畸形或边缘化问题。此外,在改革民族传统体育一些项目的标准时,不能破坏民族传统特色。

4. 过于追求商业化发展

在商品经济时代,经济影响了一切,包括民族传统体育文化的传播与发展。原本在商业化原则下包装民族传统体育运动,积极营销,加强管理,对民族传统体育文化的发展是有利的。但如果将民族传统体育的商业利益看得太重,就会走向歪路,如坑蒙拐骗,故意夸大或将民族传统体育"神化",这样就起到了相反的作用,对于民族传统体育文化的国际化传播与推广是极为不利的。

在民族传统体育商业化传播的浪潮中,被世人鄙视和唾弃最多的当属少林寺的商业化。例如,少林寺药局在历史上并不存在,原本只是在民间传说、武侠小说或影视作品中会涉及少林寺的灵丹妙药,而现实中根本没有出售少林密药的少林药局,而且这和少林武术的历史传承没有一点关系,社会上之所以有人用少林药局进行营销炒作,就是为了谋取不正当的经济利益,这不仅对少林寺文化的传播造成了影响,损害了少林寺的声誉,影响了国际友人对少林武术的看法,而且损害了老百姓的钱财和健康。

5.缺乏创新

在我国民族传统体育的国际化传播中,有时过于强调表演性和多样性,导致一些套路过于艺术化。与奥林匹克运动的宗旨存在着一定的差距,这就导致其很难在国际社会上传播与发展。缺乏创新是导致这一情况的主要原因,因此,加强民族传统体育的创新发展是其国际化传播与发展的重要方面。

二、把握民族传统体育文化的国际化传播方向

(一)树立文化自信

源自西方文化的竞技体育在世界体坛居于垄断地位,在我国也常年地居于强势地位。导致我们国家自己的民族传统体育一直发展艰难。然而随时社会的发展和中国国力的增强,现在到了传播与弘扬我国民族传统体育文化的历史时刻。我们应该勇于打破现有的体育文化格局,以充满自信的姿态展示我国民族传统体育文化,以交流与对话的形式,将我国优秀的民族传统体育文化弘扬海外。同时,我们以肯定西方体育文化的优点、正视多元体育文化的共存为前提,自豪并且自信地传播与展示中国的民族传统体育文化。在民族传统体育文化的国际化传播过程中,坚守民族传统体育文化的特质,以积极的文化心态对民族传统体育文化进行宣传与推广,以不卑不亢的态度应对国家体育文化之争,让世界人民有机会认识、了解并喜欢上中国的传统体育文化和体育项目。

(二)开拓传播思维

当今时代,是有史以来进行文化传播与交流的最佳时代,我们应该充分利用现有的一切资源、平台、技术、手段,将我国的民族传统体育文化传播于世界各地。除了国际交流、赛事举办这些主流的方式以外,还可以利用各种媒体渠道,比如电视、广播、互联网,可以开拓不同的形式,如通过影视文艺作品也是一个很有效的传播途径。总之,要扩大我国民

族传统体育文化的国际化传播业务,提高传播的常规性与系统性,还要借助优质的国际传媒手段,制作高质量的民族传统体育节目,输出优秀的民族传统体育文化,提高传播效率与时效性。

(三)市场定位准确

准确定位民族传统体育品牌,细化市场。在市场经济中,只有最大化地满足各种消费群体的需求,品牌才能持续发展,这是品牌得以生存的重要依据。民族传统体育文化的国际传播与发展同样离不开市场,而且是广阔的国际市场。要准确定位国际市场的受众人群,充分做好市场调查与分析,了解国际受众的关注重点,然后选择合适的优势资源,发挥优势竞争力,区别于其他体育文化和项目,使中华民族传统体育文化在国际市场占据一席之地。

(四)发展方向明确

要准确锁定民族传统体育文化国际化传播的方向,仔细分析目标市场和人群,对国外不同区域、不同民族国家、不同文化背景以及不同的社会制度、经济发展进程等都要做出科学的分析和定位,有针对性地开展传播方向。特别是要结合民族传统体育文化的实际情况,要考虑与目标国家和地区的文化接纳度和融合度,而进行有选择的文化传播。

三、培养民族传统体育文化的国际传播人才

(一)理论与技术全部精通

国际传播人才首先需要对民族传统体育文化有扎实的文化知识,因此需要首选民族传统体育专业的学生为选拔人群。这也就意味着要加强对高校民族传统体育专业的管理,明确该专业的人才培养目标,其中那些一专多能、专业理论知识过硬,技术扎实,如果本身还接受过运动队的专业训练甚至有赛事活动的实践经验的话则更佳。

作为民族传统体育文化国际化传播的人才,他们的声音和行为将直接决定着民族传统体育文化的传播情况。他们直接面向国际是文化传

播前线的第一人,因此,在某种程度上他们就代表着中国。传播的质量直接由传播者的传播水平决定,这就要求传播者必须具备扎实的理论基础与技术水平。传播人才要有能力从理论的高度准确阐释民族传统体育文化的内涵,也能熟练完成、演示这些项目的关键动作,这样的传播才更加直观、更有说服力,很显然这样的效果要远远好于只谈理论或者只会技术动作。

(二)外语交流能力突出

从事文化传播工作对语言能力的要求非常高。其工作性质要求文化传播者必须具备一流的交流沟通能力,以及使用外语的流利程度不能低于母语水平,只有这样才能准确地输出民族体育文化的丰富内涵。世界各国的语言文化差异是非常大的,这是阻碍世界各国交流的一个重要因素。因此要求中华民族传统体育文化的传播者,至少要流利掌握两种以上外国语言,或者是有针对性地熟练掌握被输出国或地区的主要官方语言。

(三)具备国学知识底蕴

作为一个民族传统体育文化的传播者,也要具备一定的国学知识素养。因为民族传统体育文化也是国学知识的一个组成部分,深厚的国学底蕴,可以让传播者在国际化环境中更加自信,对外输出民族传统体育的文化理念、内涵时更有底蕴、更有层次,使输出内容更有系统和逻辑,从而提高传播质量。比如民族传统体育文化中本身就有很多与中华民族文化的底层逻辑相呼应,如"天人合一"思想、太极的阴阳平衡之道、中庸与和平思想等。可以说,传播民族传统体育文化时不可能脱离国学而单独存在,换一个角度也可以理解为,传播民族传统体育文化本身也是传播中华民族的传统文化。

(四)综合修养必不可少

知己知彼百战不殆,作为文化传播的使者,在输出自己民族文化的同时,也要对输出对象的文化背景有一定的了解和掌握,在熟悉对方的文化特点以及文化禁忌的基础上,做到有针对性、有选择地传播我国的民族传统体育文化。

另外,除了专业素养、国学素养、外语能力、对外交流能力之外,还要有强烈的民族自豪感和认同感,发自内心地热爱民族传统文化,并且有热情、有信心要将中国民族传统体育文化传播和分享给世界人民。

四、明确国际化传播的主要途径

(一)广告宣传是基础

以广告的形式进行宣传推广是最直接有效的途径之一,因此在进行民族传统体育文化传播的时候,广告的基础推广作用不能忽视。在对民族传统体育的国际化传播与发展做好准确的定位之后,就要考虑如何细分国际市场并进行高效传播与营销。广告传播的优点是主题鲜明、主动直接,因此它也是国内外民族传统体育文化交流的重要手段。在向国际市场进行广告宣传时,要注意的一点是,每个地区有各自的文化信仰和审美习惯,而广告宣传就是为被输出者而量身定做的商品,因此,要充分地调研当地的文化特点和市场接受情况,输出的广告作品要符合这些地区的接受习惯,规避所有的文化禁忌。

民族传统体育文化也是一种特殊的产品,和其他产品一样,在制作广告进行宣传的时候,要按照产品定位、品牌文化、目标群体画像等广告制作的标准范式进行,保证广告输出的质量和效果。在民族传统体育文化的宣传战略时,要先明确重点推广与传播的民族传统体育项目,不能大而化之地、笼统地宣传,要先确定重点推广项目,有步骤、有系统地进行广告宣传,一步一步实现传播目标。

(二)专题纪录片为主要形式

在民族传统体育文化的对外传播中,我国面向欧美市场推广输出的产品以专题纪录片为主,这些纪录片在海外的传播度和接受度都非常高。纪录片是一种相对完整、详细地展示某一文化题材的重要形式,它主体鲜明、制作精良,同时具有文学性和观赏性,能够直观地、生动地展现一种文化的整体风貌,因此是非虚构文化的重要传播载体。

在欧美国家,观看纪录片、脱口秀等节目是一种生活习惯。因此,无论从输出的角度还是市场接受习惯的角度看,制作民族传统体育文化纪录片都是传播传统文化的有利途径。随着中国的国力增强,中国在国际社会的地位不断提升,世界上的一些主流媒体开始越来越多地关注中国文化,这是我国传播民族传统体育文化的重要机遇。

体育纪录片不管在我国体育市场上,还是国际市场上都有着广泛的发展空间,市场潜力巨大。因此可以将制作民族传统体育文化纪录片作为一项常规性的文化项目,无论是从文化输出的角度还是体育产业发展的角度,都具有重要意义。

(三)影视产品持续发酵效应

除了广告这种开宗明义、直截了当的传播形式之外,影视文艺作品一直都是文化输出的重要途径和载体。比如影视剧、歌舞剧、文学作品、音乐作品、绘画作品以及动漫等都是人们熟知的文化传播载体。文艺作品的优势是具有戏剧性、故事性,通过作品中的人物关系和情感共鸣,可以很快地将观众带入其中,从而真切地感受作品背后的世界观和价值观,在潜移默化中把我国的民族传统文化传达给了观众和读者,达到传播和弘扬中华传统文化的效果。另外,影视文艺作品的另一个优势是,可以持续地发酵和传播其文化内涵。因为优秀的文艺作品是具有生命力的,是可以超越实效性的,会在民间被不断地欣赏、阅读,喜爱这些作品的人们会自发地分享和传播,因此可以随着时间的进行发挥出持久的传播作用。

中华民族传统体育文化本身就源于生活,是千百年来各个民族生活智慧的结晶,是文艺创作的巨大母体,是取之不尽的文化宝藏。因此,可以鼓励文艺创作者多多取材民族传统体育文化,创作出具有民族性和世界性的优秀作品。

(四)企业传播

在商业文明高度发达的今天,企业是推动社会进步的重要力量,也是社会文明建设的主力军。在进行民族传统体育文化国际化传播的过程中,应该积极发挥企业独有的价值和使命,促进民族传统体育文化的国际化传播,特别是那些发展态势强劲、逐步走进国际视野的中国企业,在其开疆拓土进行国际化发展的同时,也将我国的民族传统体育文化推向世界。通过企业,尤其是体育文化企业进行民族传统体育文化的国际传播,是目前应该重点发展的方向,应该积极开展和推进。充分利用企业迅猛增长的态势,以及民族传统文化的厚重,找到合适的切入点。企业的国际化发展需要有品牌价值和文化底蕴的加持,而民族传统体育文化的国际化传播也需要一个强势的载体,两相结合彼此赋能、实现双赢。在提高企业国际市场综合竞争力的同时,将我国优秀的传统文化进行输出和传播。

五、民族传统体育国际化发展的网络建设

民族传统体育文化的国际化发展是一个循序渐进的过程,需要长期主义精神。其中很重要的一点是做好传播路径和传播网络的建设工作,因此,在进行民族传统体育文化传播的同时,加强建设国际化传播网络和路径,从传播广度与深度上不断拓展与深化,最终实现可以稳定地、持续地对外输出中国传统文化。其中传播广度是指传播范围,包括地域范围和文化范围;传播深度是指传播的层次和影响力。

(一)扩大传播范围

1. 全面启动社会力量

要持续地对外传播中国民族传统体育文化,就要不断地拓展和维护传播途径,使之长期有效地发展下去。要扩大传播范围就要开辟多元化的传播渠道,在更多的国家和地区展示中华民族传统体育文化,积极开展与多国的体育文化交流活动,集结各种力量,无论是政府的体育组织,还是民间的体育团体以及体育爱好者,各自发挥自身的优势,从不同层面、不同角度进行民族传统体育文化的交流和互动,以不拘一格的形式将触角延伸至世界各地。

2. 国际赛事的舞台

充分利用奥运会这样的重要国际赛事的舞台。奥运会是迄今为止影响力最大的国际体育竞赛活动,具有最广泛的覆盖率和影响力,如果能够抓住合适的机会,通过奥运会的舞台展示我们的传统体育文化,那么将起到事半功倍的效果。比如,中国武术在奥运会这一国际舞台上的

呈现使中华民族优秀武术文化的魅力被全世界看到,国外很多武术爱好者被中华武术深深吸引,并积极参与和学习中华武术。因此,我国要努力将更多的民族传统体育项目纳入奥运会大家庭,使世界各国人民通过观看奥运会了解中国的民族传统体育项目和文化。

(二)增强传播深度

在拓展传播广度的同时,对传播深度的深化也要同时进行。文化产品与其他产品的重要区别之一,就是其产品自身具有多层次的文化内涵。其传播的过程,是一个逐级递增的过程,人们对某一文化的认识和了解也是一个逐步深化的过程。比如,人们对某一类民族传统体育项目的认识,最初可能是被其独特的活动内容、新鲜的表现形式或者有趣的竞赛规则所吸引。但随着对该项目的深入了解,发现其产生背后的自然环境和历史环境渊源,增强了对该体育项目的认知深度和理解深度。随着了解的深入,人们在民族传统体育文化中发现中华民族传统文化的精髓,从而加深了对中国文化的认识和理解。随着中国文化在世界各地的传播,得到越来越多的世界人民的尊重和拥护,从而使我国的文化软实力在国际社会得到新的提升。

总之,我国民族传统体育文化的国际传播不是一蹴而就的事情,它需要长期的发展和经营,要从广度上和深度上同时着手进行,提高传播的密集性和有效性,促进中国文化与世界的交流与互动,从而使民族传统体育文化的国际化传播网络体系更加立体化,更有生命力。

第七章　民族传统体育非物质文化遗产的开发

　　民族传统体育非物质文化遗产是我国人类文明的重要成果和历史结晶,对民族传统体育非物质文化遗产进行开发有助于强化民族文化认同,促进我国文化软实力的提升。不同地区和民族在传统体育非物质文化遗产开发方面应从实际出发而构建特色化开发模式,提高开发成效,从而更好地实现民族传统体育非物质文化遗产的价值,进一步促进其健康持续发展。本章着重对民族传统体育非物质文化遗产开发的价值、理念、原则、模式、误区以及现实案例展开分析与探讨,从而为各地区与各民族科学开发民族传统体育非物质文化遗产而提供科学的理论指导与现实参考。

第一节　民族传统体育非物质文化遗产的当代价值

一、健康价值

　　民族传统体育非物质文化遗产具有促进身心健康的功能与价值,这是其最基本也是最核心的价值。例如,武术动静结合,刚柔相济,流畅自然,身体各个部位协调运动,具有放松身心、防卫祛病、延年益寿的健康功效。摔跤、赛马、霸王鞭、抢花炮、划龙舟等丰富多彩的少数民族传统体育项目也都具有重要的健康价值,并在促进人体全面健康方面有不同的侧重。健康价值从民族传统体育形成之初就存在,随着民族传统体育的不断发展,这个价值一直保留至今,并在原来的基础上有所发展,与时代需求和社会发展紧密联系。民族传统体育非遗的健康价值的形成与发展与特定的社会环境及其变迁有着密切的关系。

健康价值是中华民族传统体育非物质文化遗产的本体价值,充分发挥这一价值对促进民族传统体育非遗更好地生存与持续发展具有重要意义。社会环境对民族传统体育非遗的生存与发展机制具有决定性影响,不管社会环境如何变化,具有当代性的身心健康促进价值始终是民族传统体育非遗的根本价值。人们参与民族传统体育非遗活动,不但能够锻炼身体机能,提升身体素质水平,增强体质,还能愉悦心理,陶冶情操,净化心灵,扩展社交,提高社会适应力,最终促进全面健康。通过参与民族传统体育非遗活动而追求强身健体的目标非常重要,这不仅是参与者个体的需要,也是保护族群生存环境的重要保障。在民族传统体育非遗的漫长发展历史中,人们不断挖掘与应用其独特的健康价值,并不断突显与强调其对人体健康的重要性,使更多的人接受与参与民族传统体育,使其获得良好的群众基础,为其传承与发展奠定基础。

不同民族由于地理环境、生活习惯、文化风俗等不同,所以传统体育健身内容、方式与手段也有区别,不同民族的传统健身方式风格各异,丰富多样而且特色鲜明的民族传统体育健身内容与方法成为各民族人民战胜自然、维持健康和不断强大的基础条件与基本保障。

二、娱乐价值

民族传统体育非遗具有重要的娱乐价值,人们参与民族传统体育非遗活动,可以自由进行情感的抒发,释放内心的能量,提升自信,获得乐趣。在少数民族有很多人将参与民族传统体育活动作为休闲娱乐、陶冶生活、情感交流的主要方式之一。

在民族传统体育发展初期,由于当时社会环境闭塞,人们的生活方式比较单一,因此参与民族传统体育活动成为当时人们娱乐生活的主要内容之一,民族传统体育非遗的娱乐价值得到充分发挥,这是推动其发展的一个重要动力因素。随着时代的进步与社会的发展,人民群众的生活条件大大改善,生活品质逐渐提高,休闲时间也较多,因而产生了大量的娱乐需求,民族传统体育非遗活动能够满足人民群众日益增长的娱乐需求,成为现代人娱乐休闲生活的一部分。民族传统体育非遗从产生开始就自带娱乐价值,但这种价值真正被开发与挖掘是从近代开始的,娱乐价值的开发与利用增加了民族传统体育非遗的魅力,使人们的娱乐休闲需求、健康需求等都得到了很大的满足。如今,人们的生活节奏非常快,承担的各方面压力也很大,因而产生了强烈的宣泄情感和释放压力的需求,而充分利用民族传统体育非遗的娱乐价值恰恰能够使现代人的这些需求得到满足,这就为民族传统体育非遗赋予了新的娱乐文化内涵。

三、教育价值

在现代教育体系中,体育是不可或缺的一个重要组成部分。起源于原始社会的原始教育活动与当时人们的身体活动是紧密关联的。我国民族传统体育非遗中有些项目,如飞石索、赛马、顶罐赛跑、过溜索、栽秧鼓舞、射箭、狩猎跳、纺棉跳等在很早以前本身就是人们生产生活的必备技能,是人们生活中不可缺少的重要部分。开展这些非遗项目活动,相当于以一种教育的方式向人们传授生产生活技能。民族传统体育非遗不仅包含着生产生活技能的教育,还涉及社会道德教育,以一定的规则规范着人们的言行,促进社会和谐有序发展。

民族传统体育非遗作为一种教育手段,本身具有重要的文化传承价值,民族传统体育非遗是一种民俗文化,群众基础广泛,能够将不同地区或民族人民的喜好、性格及习惯反映出来,对人民群众产生具有普遍意义的教育作用。民族传统体育非遗还能引导人们智力的发展,提高人的智能水平。随着社会的发展和人类需求的转变,民族传统体育非遗的教育价值也越来越成熟、完善,由原来单一的教育功能发展成为具有综合性的教育功能,人们对民族传统体育非遗从以传承为主转变为传承与开发并重,这有效推动了民族传统体育非遗的现代化发展进程。

在现代学校教育中,民族传统体育成为学校体育教育的重要内容之一,学校积极开展民族传统体育非遗项目,不仅能够使学校体育教学内容越来越丰富,促进学生全面健康发展,还能够对民族传统文化进行弘扬和传承,激发年轻一代传承与保护民族传统体育非遗的意识与积极性。

四、经济价值

民族传统体育非遗在漫长的发展历史中形成并发挥了重要的经济价值与社会价值。民族传统体育非遗的社会价值已经得到了广泛的认可。在举办民族传统体育非遗活动的过程中，各方面的条件都有利于人民群众的集会。在社会发展早期，由于社会条件不发达，交通不便利，传媒手段落后，因而人民群众迫切需要以集会的形式来交换日常生活用品，大众对集会的需求非常高。而定期举办民族传统体育非遗活动使大众集会成为可能，虽然人们在早期的集会上只是进行简单的物品交换，而且这种交换活动只是出现在某些地域或某些人群中，但也在一定程度上推动了社会经济的发展。不过由于当时条件落后，集会的规模较小，物品交换有限，所以民族传统体育非遗的经济价值还不够突出。

现代社会，随着产业化、市场化、商品化进程的加快，社会经济环境得到了极大的改善，人民群众的生活观念尤其是消费观念也发生了明显的改变。在良好的社会经济环境下，民族传统体育非遗的经济价值被深入挖掘与开发，市场上对民族传统体育非遗进行商品化包装，开发民族传统体育产业，推动民族传统体育非遗在市场经济下的商业化运作，并联合现代媒体来对独具特色的民族传统体育非遗进行广泛宣传，这推动了民族传统体育的产业化发展，也使民族传统体育非遗的经济价值得到了充分的展现与发挥。例如，我国举办民族体育运动会，在运动会上将丰富多样的民族传统体育非遗项目呈现给大众，这些项目比赛背后的广告、商业赞助等都体现了其巨大的商业价值。此外，我国有很多由政府围绕某个民族传统体育非遗项目而主办的节日盛会，如泰山的国际登山节、潍坊的国际风筝节、郑州的国际少林武术节、安康龙舟节、傣族泼水节等，这些盛会的举办都充分彰显与发挥了民族传统体育非遗的经济价值，这反映了民族传统体育非遗经济价值的现代化转变。民族传统体育非遗的商品化过程一定程度上也是民族传统体育非遗经济价值的现代化过程。

现阶段，我国民族传统体育非遗的发展呈现出规模化、产业化、集约化等趋势，各民族、各地区积极开发民族传统体育非遗产业，挖掘与发挥民族传统体育非遗的经济价值，不仅开发民族传统体育非遗项目本身，而且对相关自然资源、人文资源等丰富的优势资源也从商业化的角度进行整合开发,利用它们的天然优势而开发旅游项目,促进体育产业结构的优化与调整,进而振兴民族经济,促进社会经济发展。民族传统体育非遗经济价值的开发与发挥也得益于对其他价值尤其是娱乐价值的深入挖掘,可见民族传统体育非遗的当代价值之间紧密联系、相辅相成。

第二节　民族传统体育非物质文化遗产开发的理念与原则

一、民族传统体育非物质文化遗产开发的理念

(一)整体开发理念

在民族传统体育非遗开发中要贯彻整体开发理念,这是由地域特色、民族特征、风俗习惯等多因素影响的结果。民族传统体育非遗的开发要综合考虑国家政策、区域特色等因素,充分考虑非遗开发对传承与保护非遗的重要价值。在民族传统体育非遗的整体性开发中,应依托一定的社会环境而彰显其创新的应用价值,使群众充分认同各民族多元化的传统体育非遗文化,保障非遗文化的多样性。每一项民族传统体育非遗都不是代表单一的物质符号,如维吾尔族的"达瓦孜"蕴藏着维吾尔族人民的信仰和拼搏精神,是中华民族优秀传统文化宝库中集智慧、力量、音乐于一体的技艺独特、独树一帜的高空杂技节目。每一项民族传统体育非遗项目都与抽象的生命观有关,都与无形的环境密不可分。

作为中华民族文化宝库中的重要资源,民族传统体育非遗与各民族语言、音乐、服装、风俗等和谐搭配,使人们对体育非遗背后的各民族的多元化、特色化民俗生活有充分了解和深刻体会。借助民族传统体育非遗这一语言符号来对民族高尚的道德理念、生命观、价值观予以表达、传播,一定程度上能够为社会主义整体的核心价值理念的形成与传播而奠定坚实的社会生活基础。

民族传统体育非遗涉及范围广泛,与民族社会群体中的每个人都有

密切的关系,这源于民族传统本身就包含着该民族的每个族人。在民族传统体育非遗开发中要坚持整体性原则,不仅要开发项目本身,还要开发与其密切联系的民族群众的生产生活方式、民族风俗习惯等,此外还要开发其背后的民族精神。例如,锡伯族的传统体育项目"射箭"被列为国家非物质文化遗产名录,古代以"渔猎为主",以强筋骨、壮体魂、吃苦耐劳、剽悍顽强为尚。"射箭"这一民族传统体育非遗项目世代传承,在开发中要连同其蕴含的民族精神进行综合开发。①

(二)传承、创新与借鉴相互结合的开发理念

民族传统体育非遗开发中不仅要坚持全局观念,还应有长远眼光,不仅要鼓励对现代体育的积极借鉴,也要全面保护民族传统体育非遗的原生性;不仅要深入开发民族传统体育非遗内容,也要实现民族传统体育非遗的创新,只有这样才能真正取得实效,因此,在民族传统体育非遗开发中应坚持传承、创新与借鉴相结合的思路与理念。

1. 传承

"传承"强调要彰显民族传统体育非遗的内容,传承和发扬其个性,特别是伴随民族传统体育非遗项目的逐渐流失,需对非遗项目进行全面的挖掘、整理,还要在本民族内普及民族传统体育项目,使各族人民关心、热爱本民族传统体育项目,确保这些项目顺利传承。

2. 创新

"创新"强调需要从民族体育非遗项目的"个性"出发,结合本民族独具特色的资源进行创造性开发。

3. 借鉴

"借鉴"强调在民族传统体育非遗开发中借鉴现代体育的开发经验,促进民族传统体育与现代体育的协同发展,从而使民族传统体育非遗迈入新领域。

---

① 王萍.困境中"回归":"非遗"视角下的民族传统体育文化开发研究[J].体育科技文献通报,2019,27(04):1-2+59.

(三)原生性开发理念

在丰富多样的民族传统体育非遗项目中,有些项目的消失和其生存环境的变化存在密切关系,所以在民族传统体育非遗的开发中需关注其存在的原始氛围。原生性的生存环境对民族传统体育非遗项目的产生、生存及发展极为重要。

原生性的环境不仅包含自然环境,也包含人文环境,它们依附在特定的群体或区域内。但随着经济的发展,有些民族传统体育非遗项目或活动如"泼水节"逐渐失去原始味道,变得商业化、舞台化,围绕一些民族传统体育盛大节日而开展的体育项目也因为环境、氛围等的变化而渐渐失去了活力,因此,在民族传统体育非遗的开发过程中,需要用心构建适宜民族传统体育非遗生存的环境,尽可能保护其生存环境的原始风貌,从而为民族传统体育非遗的开发奠定坚实的基础。

(四)政府主导开发理念

民族传统体育非遗开发是政府行为、社会参与、法制力量等多个系统共同作用的过程。系统内部各个环节应科学规划、良性运作,如此才能实现协调发展。在多元开发系统中,政府作为民族传统体育非遗保护和开发的主要力量而居于主导地位,政府行为不仅包括制定政策、完善立法,还包括整体规划设计以及引导社会大众参与。

政府主导的因素众多,充分发挥政府的行政职能,制定与完善民族传统体育非遗的相关法律法规,深入挖掘民族传统体育非遗资源,及时对最新成果进行立项保护,再通过积极宣传和引导,提高民族传统体育非遗的社会认知度,引导社会大众积极参与对民族传统体育非遗的开发与保护。

政府应从根本上把握对民族传统体育非遗的"活态"开发尺度,关注非遗传承人(群体)的现状,在开发的过程中保护非遗传承人,发挥非遗传承人在非遗开发中的重要作用。①

(五)可持续开发理念

可持续发展是指既能满足当代人发展的需要,又不对后代人满足其

---

① 陈永辉,白晋湘.非物质文化遗产保护视角下我国少数民族民俗体育文化资源开发[J].武汉体育学院学报,2009,43(03):75-80.

需要的能力构成危害的发展。可持续发展要从人类长远利益出发,追求发展的可持续性,即人类社会世世代代延续不断的发展。它不仅要实现当代人自身的发展,而且也要实现未来世代人的发展。发展不是单方面或某几个方面的发展,而是集社会、科技、竞技、文化、环境等多项因素于一体的完整现象。①

民族传统体育非遗的可持续发展是在保护、继承的基础上进一步传播、发扬、改进、完善,使民族传统体育非遗世代相传。由于民族传统体育非遗传承的特殊性,其受到现实环境的影响而面临消亡的威胁。各民族群众都是民族传统体育的传承者,他们应该履行文化自觉和文化维护的使命。面对经济利益和民族文化发展的矛盾,一些民族的社会群体由于价值观念不同而不能将二者的关系协调好,缺乏一定的责任感。这种情况在开发民族传统体育资源的旅游企业中也普遍存在。社会群体利用民族传统体育非遗资源而谋求经济发展,却缺乏对民族传统体育非遗的整体价值的根本认知。因此在民族传统体育非遗开发中忽视了对全民参与、全民关注的氛围的营造,片面追求经济利益,违背了可持续开发与发展的理念。

要推动民族传统体育非遗开发的可持续发展,应在开发中树立可持续发展理念,注意生态发展,既要保护历史文化遗产,也要维持社会文化的平衡,要实事求是,分析各民族传统体育非遗中所蕴含的文化内涵、意识观念、价值取向的差异,从实际出发,尊重各民族的风俗习惯,因势利导,利用各种社会环境对各民族传统体育非遗进行深入开发,通过开发更好地传承与保护民族传统体育非遗,使其更好地适应现代社会环境,同时在开发中实现一定的经济价值与社会价值。②

二、民族传统体育非物质文化遗产开发的原则

民族传统体育非遗孕育于民俗文化中,在特定的社会环境中传承,与各民族传统文化、风俗习惯、民族精神息息相关。对每个组群及其民族传统体育非遗而言,民俗、环境都是非常重要的,开发民族传统体育非

---

① 冉学东.民族传统体育可持续发展的思考[J].广州体育学院学报,2003(05);126-128.
② 孙留中.对民族传统体育可持续发展的探讨[J].吕梁教育学院学报,2010,27(03);135-136.

遗项目,要综合考虑本源性、人本性、整体性与创新性,这也是民族传统体育非遗开发的重要原则。

(一)本源性开发原则

在民族传统体育非遗开发中,必须对其文化根源、文化本质有正确的认识和深刻的理解,应对各民族的祭祀礼仪、风俗习惯、社会生活方式等文化习性有充分的了解。在了解的基础上对各民族的民俗给予尊重。各民族的社会群体共同享有本民族的民俗,各民族的民俗都是一种固有的习惯势力,民族传统体育孕育于特定的民俗环境中,蕴含着民族信仰、民族精神,在各种各样的民族传统体育非遗项目中展现这种最深层的民族文化内涵。如果脱离民俗环境而对民族传统体育非遗进行开发,则毫无意义,甚至都无法保证民族传统体育非遗在离开民俗环境后的正常生存。民族传统体育非遗脱离民俗环境也就失去了原本的文化属性,这种情况下对其进行开发也就失去了根本的意义。因此,在民族传统体育非遗开发中必须依托特定的民俗环境而进行本源性开发,保留民族传统体育非遗最本质的文化属性。

(二)人本性开发原则

非遗保护、传承与开发的主体都是人,开展民族传统体育非遗活动,传承民族传统体育非遗,都离不开各民族群众的参与和支持。民族传统体育非遗这种"天然"资源是由各民族社会群体所共同享有的。不管是民族传统体育非遗的创造者、传承者、保护者还是直接参与者,他们都会对民族传统体育非遗的发展产生这样或那样的影响。所以在民族传统体育非遗的开发中,要坚持从人民群众出发,贯彻以人为本的原则,在此基础上对各方面的关系予以协调,重点对传承人进行保护与扶持,注重对传承接班人的培养,并加强对社会参与群体的引导和鼓励,通过全社会共同参与开发而创造可观的经济利益和社会利益。

(三)整体性开发原则

民族传统体育非遗项目的产生与发展离不开其所依附的自然环境、社会人文环境,在特定的民族环境背景下,民族传统体育非遗形成了相应的自然形态特征,蕴含了精神信仰内涵,产生了一定的社会文化影响力。民族传统体育非遗赖以生存的自然环境、社会文化环境是密切相关的,它们共同造就了民族传统体育非遗的多样性、民族性等特征,并与民族传统体育非遗构成了不可分割的文化综合体。所以,在民族传统体育非遗开发中,要对这个文化综合体进行整体考虑,推动整体发展。

(四)创新性开发原则

民族传统体育非遗持续发展的生命力、活力都源于创新,离开创新就失去了前进的驱动力。因此,在民族传统体育非遗开发中,要将合理的内容保留下来,将不科学的、不合理的、腐朽的内容剔除干净,并结合时代精神和社会需求而对更多、更先进的文化因素进行创造,不仅要将特有的民族风格保留下来,还要通过适当改造与合理创新而使民族传统体育非遗与现代人的价值取向、审美习惯、思想观念等相契合,通过这种适应性改变而充分发挥民族传统体育非遗的健身价值、娱乐价值、教育价值以及经济价值。

对民族传统体育非遗进行创新性开发时要讲求方式方法,如对于民俗气息过于浓厚,动作过于简单,健身和娱乐功能较弱的非遗项目,要在保留其民族性的基础上进行体育内容的增补与扩充,在运动形式上也要有相应的变化,从而使其更有观赏性,调动群众参与的积极性。

第三节　民族传统体育非物质文化遗产开发的模式构想

一、非物质文化遗产开发的一般模式

非物质文化遗产的开发模式常见的有以下几种。

(一)政府模式

在计划经济时期形成了一种关于非物质文化遗产开发的初级模式,即政府模式。这种传统开发模式的特点是对国家的依赖性大,完

全由国家通过财政拨款来开发与保护非物质文化遗产,有专门的政府机构保护非遗资源,进行非遗管理,几乎完全将市场参与排斥在外,市场意识很弱。在政府模式下,政府承担非遗保护与开发的重任,大包大揽,主动发挥职能,采用各种手段如经济手段、政策手段、行政手段、法律手段等来积极保护与开发非物质文化遗产。在计划经济时期,由于非遗保护的民族自觉尚未形成,因此非遗开发的政府模式发挥了举足轻重的作用。

改革开放后,非遗保护的重要性被更多的人认识到,不仅是政府,包括社会各界和学术团体都纷纷投入到非遗的开发与保护中,并在开发与保护过程中投入了大量的物力资源、人力资源及财力资源,出台了很多政策,采取了很多措施,政府、学界及社会共同推动非遗保护与开发,形成了政府主导、全民参与的具有中国特色的非物质文化遗产开发与保护机制。

(二)私营模式

随着市场经济的兴起,我国资源管理模式逐渐由政府机构管理向企业经营管理转变,私营之路由此兴起。在私营管理模式下,政府在资源管理中不再投资或投资很少,主要以私营企业投资为主,或者用私营企业的经济利润来开发和保护资源。在此影响下,我国非遗保护与开发的主体也由政府转变为私营企业,私营企业通过开发利用非遗资源而促进非遗的产业化发展,发挥非遗的经济价值、文化价值及社会价值。下面从两方面来分析私营模式的运行。

一方面,私营企业提供丰富的人力、物力、财力等资源,合理规划非遗旅游开发,为非遗开发提供物质保障。

另一方面,从开发者的角度来看,私营企业从市场角度出发,把握需求方向,对非遗进行必要的改造,通过合理开发而满足社会大众的多元性需求,有利于非遗的保护,抢救濒临消失的传统文化,使非遗原先已失去的功能被经济功能所替代,从而使非遗的价值得以延续下去。

但私营模式也有自身的缺点,企业追求经济利益最大化,容易犯追求短期、个体利益而忽视长期和集体利益的弊病,在开发过程中容易忽视对生态环境的保护。

(三)PPP 模式

PPP(Public-Private Partnerships)直译为"公私合伙制",即公共部门与私人企业合作模式,是指公共部门与私人部门基于某个项目而形成的相互合作关系。PPP 代表的是一个完整的项目的融资概念,通过这种合作形式,合作者可以达到比单独行动更有利的结果,它是以参与方"双赢"或"多赢"为理念的新型模式。[①] PPP 模式的组织机构和运行形式如图 7-1 和图 7-2 所示。

1. PPP 模式的优点

(1)在公共基础设施投融资领域引进市场机制,有利于优化资源配置,提高政府部门工作效率,避免浪费。

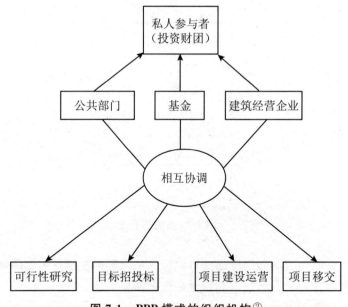

图 7-1　PPP 模式的组织机构[②]

---

① 王松华. 非物质文化遗产保护与开发的经济学研究——基于上海弄堂文化的研究[M].
成都:西南财经大学出版社,2009.

② 同上.

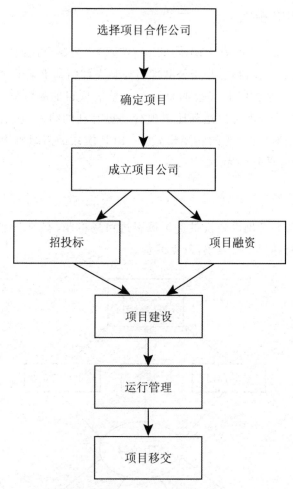

图 7-2　PPP 模式的运行形式①

（2）使参与公共基础设施项目融资的私人机构在项目的前期就参与进来，利用企业先进的技术和管理经验来弥补不足。

（3）有利于降低政府投资风险。

---

①　王松华．非物质文化遗产保护与开发的经济学研究——基于上海弄堂文化的研究［M］．成都：西南财经大学出版社，2009．

2. PPP 模式的缺点

(1)政府部门寻找最优合作伙伴存在一定困难,一方面需要投入时间和金钱成本真正了解私人机构的实力和口碑,另一方面公共部门在招标过程中可能出现腐败行为。

(2)管理上存在协调难度,政府和私人机构可能会产生矛盾。

二、民族传统体育非物质文化遗产开发的主要模式

参考非物质文化遗产的一般开发模式,结合对民族传统体育非遗特点与现状的考虑,可以采用下列三种模式来开发与保护民族传统体育非遗。

(一)文化生态型开发模式

当前,我国民族传统体育非遗资源的开发理念和模式随着我国社会环境与自然环境的变化而发生了明显的改变,其中自然环境变化中关于文化生态环境的变化对民族传统体育非遗开发所产生的影响尤为显著。环境因素的变化使我国民族传统体育非遗开发从原生态开发向生态型开发转变。

文化生态型开发指的是在生态学理念和可持续发展观的引导下,以自然环境为背景,以特定自然区域或文化区域的民族传统体育非遗资源为对象而进行的一种对自然生态及社会文化都负责的开发模式。我国民族传统体育非遗资源丰富多样,具有鲜明的民族特色和地方风格,基本上都是从原生态的自然环境中孕育而成的,所以在开发过程中要将选择性开发与保护结合起来,走文化生态型的可持续开发之路。采用这种模式进行开发时,要注意保护好生态环境,处理好经济利益与生态利益之间的关系,促进民族传统体育与生态环境的协同发展。在文化生态型开发过程中将关于民族传统体育非遗的信息传达给社会,使人们更全面、深入地了解非遗和民族传统体育,提升民族传统体育的群众基础与影响力,从而为进一步开发与利用民族传统体育非遗资源奠定良好的基础。

(二)节庆会展式开发模式

很多民族传统体育项目尤其是少数民族传统体育项目都是在各民族的传统重大节日庆典中作为表演节目而呈现给大家的。少数民族开展文化节庆活动,在活动中进行本民族传统体育项目的表演或展演,使民族传统体育资源与节庆活动紧密融合,利用这一条件进行民族传统体育资源开发更能体现出集群化优势。采用节庆会展开发模式,搭建节庆会展平台,根据人们的需求和开发的需要而整合优势资源,促进不同资源间取长补短,实现联动发展,进而推动民族传统体育产业及文化产品的集群化发展。

各民族举办的传统节庆活动或会展活动为民族传统体育非遗的传承与开发提供了重要的模式,即节庆会展传承与开发模式。以每年定期的传统节庆活动、定期或不定期的会展活动为平台,全方位整合本民族的民族传统体育文化资源,综合性挖掘这些资源的价值,充分发挥民族传统体育的经济价值,带动节庆经济与体育经济发展,最终提高民族经济效益。这是一种以独具特色的民族传统体育文化资源为基础而构建的开发模式。

少数民族在民族传统体育非遗开发中特别重视对节庆会展开发模式的运用,通过举办节庆活动和民俗活动,以会展的方式呈现各少数民族丰富多彩、精彩绝伦的传统体育项目,其中最具代表性的是蒙古族的"那达慕"大会,在这个一年一度的传统节庆活动上,射箭、骑马、摔跤这三个代表蒙古族男子气概和民族特色的项目从不缺席,这几个项目民族风情浓郁,极具观赏价值和文化价值,依托"那达慕"大会而将它们作为民族旅游资源进行经济开发,能够带来良好的效果。不但能够使蒙古族节庆文化旅游的内涵更加丰富,还能将独具特色的蒙古族传统体育文化传播到其他民族和世界各地。将民族传统体育非遗资源转化为独具特色的旅游资源,进一步充分发挥民族传统体育非遗的文化价值、经济价值,产生广泛的社会影响力,带动民族旅游业发展,振兴民族经济,一举多得。

(三)文化产业与旅游融合型的开发模式

随着市场经济的不断发展,一种新的经济现象逐渐出现并越来越常见,即产业融合,它指的是不同产业之间或同一产业内不同行业之间相互交叉、渗透、融合从而形成新产业的过程,这是一个动态变化与发展的过程。近年来,我国民族传统体育产业化发展中逐渐出现产业融合模式,体育文化产业与其他产业紧密结合,依托这种产业融合模式而开发民族传统体育非遗资源具有重要意义。

在文化产业发展中,要将文化产品推向市场,被更多的人接受与消费,就要从文化旅游业入手而打好市场基础。文化与旅游本身就存在着千丝万缕的联系,二者密不可分,表现为旅游是文化的重要载体之一,而旅游开发又要以文化为核心与灵魂。采用文化+旅游的模式进行民族传统体育非遗开发,能够促进民族传统体育旅游文化内涵的丰富与质量的提升,同时能够扩大民族文化的影响力,促进文化传播与文化消费,实现综合开发效益。在民族传统体育非遗文化产品的开发中,以市场需求为导向,与旅游密切结合,将对促进民族传统体育文化产品创新、扩大民族传统体育文化产业规模、带动当地旅游业发展产生重要意义。旅游者和消费者在民族传统体育旅游活动中能够进一步了解民族传统文化,体验民族特色,实现精神需求的满足。

为更好地发挥文化产业与旅游融合型开发模式的重要价值,提升民族传统体育非遗开发的水平与效果,应从以下几个方面努力。

1. 制定扶持政策,发挥政府职能

在民族传统体育非遗开发中,要将其与民族传统体育特色旅游有机结合,就需要政府从政策、法律等方面提供支持与保障。民族传统体育非遗开发也要与民族环境、民族文化、民族经济保持协调,这需要政府发挥宏观调控职能,加强宏观管理,构建融经济、文化、环境、旅游等于一体的协调管理机制。

2. 科学规划,打造特色旅游精品

民族传统体育非遗开发与旅游业的融合是一种新的经济发展形式,在融合发展中涉及多方面的利益主体,各方面的利益主体要树立先进的融合式发展理念,在融合发展过程中积极发挥自己的优势与作用,共同提升融合发展的效果。此外,要加强对民族传统体育非遗中优势资源的深度挖掘,树立品牌意识,依托优势资源而打造特色旅游产品、旅游精品,加强宣传,扩大影响力,扩大市场。

3. 把握市场需求,引导消费

要使民族传统体育非遗特色旅游吸引更多的旅游者,不仅要深入挖掘民族传统体育非遗的特色资源及其旅游开发价值,使旅游者的多元需求得到充分满足,还要不断提升旅游者对民族传统体育非遗的基本认知能力,只有认识水平提升了,才能看到非遗旅游产品的价值与魅力,才能主动接受非遗旅游产品,最终做出消费行为。

4. 加强宣传,主动向市场进军

在民族传统体育非遗旅游开发中,要构建以政府为主导,以市场运作为主体,社会多方参与的营销模式,在营销过程中要加强宣传与推广,以整体营销为主,将现代化传媒手段充分利用起来进行广泛宣传,如建立非遗特色旅游网站等,提升知名度,扩大影响力,主动进军市场,在旅游市场占据一席之地。

5. 规范经营,提升服务质量

开发民族传统体育非遗旅游产品,要严格按照旅游市场的标准与规范而进行,将硬件开发与软件开发有机结合起来,树立"以人为本"的开发理念,以满足旅游者需求为宗旨,对旅游者、旅游消费者的兴趣爱好、消费习惯给予尊重,以正规合理的手段刺激旅游者的消费意识与动机,根据旅游者和消费者的需求来完善服务,拓展服务内容,提升服务水平与质量,并加快构建与完善相关的保障体系,使服务质量得到全面保障。

6. 培养旅游人才

开发民族传统体育非遗旅游产品,必然离不开专业素质好、管理能力强的旅游业人才,要提高开发与营销的专业水平及效果,就要加强对这类专业人才的培养,对专门人才的培训培养机制予以建立与完善,将高校、培训机构的优势资源充分利用起来去培养专业人才,同时也要发挥民族传统体育非遗传承者的重要作用,使传承者培养继承人,并在传承的过程中学习旅游开发的专业知识与技能,在传承的同时进行科学开发,打造优质民族传统体育非遗旅游产品。

第四节　民族传统体育非物质文化
遗产开发中须谨防的误区

我国在民族传统体育非遗开发中主要存在以下问题,这也是今后必须谨防的误区。

一、忽视保护的重要性

我国民族传统体育非遗种类繁多,是中华民族几千年创造的极其丰富和宝贵的文化财富。但由于它们长期得不到重视,缺少保护,从而给开发带来了难题。

第一,人们没有从文化全球化的视角看待中华民族传统体育文化,至今对我国民族传统体育非遗的整体状况、现有种类、数量和消失状况等都缺乏清晰的认识,缺乏调查、了解和足够的掌握,没有做到"心里有数"。国民对非遗保护的重要性缺乏普遍认知,保护意识淡薄,增加了非遗开发的难度。

第二,民族传统体育非遗的开发与保护缺乏法律依据。目前为止,我国还没有一部专门的民族传统体育非遗保护法,现有法规主要还是围绕在大范围内的关于非遗申报的相关规定上,立法工作有待进一步加强,法律体系有待完善。

二、重回报,轻投入

长期以来,我国民族传统体育非遗由于缺少足够的经济支持,得不到及时抢救和必要保护而处于濒危状态。一些记录民族传统体育非遗的档案材料逐渐消失,一些录音、录像带也渐渐报废,有些原计划要抢救的重要项目都因为缺乏经费而无法实施。此外,为保护民族传统体育非遗,有些地方计划建设民族传统体育非遗艺术馆、文化档案馆、博物馆,但这些基础设施建设需要投入大量资金,这给国家财政和地方政府造成了很大的压力。但是我国民族传统体育非遗保护正处于初期阶段,也是大量投入期,如果没有投入,没有资金保障和物质支持,那么非遗开发与保护工作将举步维艰。

我国一些少数民族不仅传统体育资源丰富,而且对传统体育非遗的保存也较好,但因为经济落后而没有得到深入开发,无法变成现实的旅游产品。资金的缺乏导致民族地区的整体接待水平偏低,配套设施条件落后,影响了开发力度和成效,尚未得到开发的体育非遗资源还有很多。一些地方政府虽然意识到了民族传统体育非遗开发能够带来经济效益,但依然没有投入足够的开发资金,没有正面主导、参与开发工作,导致一些非遗资源逐渐消失,给地方和国家都造成了巨大的损失。

三、急功近利

民族传统体育非遗旅游的兴起提升了旅游开发地大打"旅游牌"的信心和决心。但在民族传统体育的旅游开发中,由于缺乏科学规划,缺乏对旅游市场结构的分析和旅游开发可行性的论证,致使地方政府与企业贪多求大,出现了很多雷同的旅游项目。而且在开发模式上缺乏足够重视,表现为急功近利和盲目开发,不注意运用科学理论指导开发实践。

近年来,一些地区开始流行以民族传统体育非遗为依托的民俗村、博物馆等,有关民族文化旅游的人造景观越来越多,但形式雷同,内容重复,缺少特色,最终导致缺乏吸引力,没有获得预期开发的经济效益,反而增加了地方的经济负担。

四、不加选择地盲目开发

在市场经济发展背景下,社会生活被赋予商品经济的内涵,要将民族传统体育非遗保护、开发和市场经济分开是较为困难的。目前,很多地方将民族传统体育项目作为文化产业开发的资源,但本质上来说这些是群众的生活方式,如果作为商品经济来获取经济效益,其性质就会发生本质上的变化。事实上并非所有的民族传统体育非遗资源都具有经济开发价值,不加选择地盲目开发容易挫伤保护主体的积极性,破坏民族传统体育非遗的可持续性。开发商为了经济利润,盲目开发一些商业价值不大的民族传统体育项目,导致这些非遗项目陷入发展困境。

第八章　非遗保护视角下民族传统体育典型项目的传承与发展例证

　　传统武术是我国民族传统体育中的重要组成部分,其在漫长的发展历史中形成了独具特色的传统武术文化。传统武术之所以能够历经几千年而流传至今,与世代连续传承密不可分。但现阶段由于多方面因素的影响,我国传统武术流失问题较为严重,保护与传承传统武术迫在眉睫。在非遗视角下加强对传统武术非物质文化遗产的传承与保护,推动传统武术的可持续发展具有重要的历史意义与现实意义,这也是本章研究的重点。除了传统武术外,舞龙、舞狮、毽球、木球、秋千、风筝等也是典型的民族传统体育项目,是迫切需要传承与保护的非物质文化遗产,本章在对传统武术文化传承与发展进行研究后,在非遗保护视角下从这些典型项目的现状出发而探索科学有效的传承与发展路径,以期提供指导与参考。

第一节　非遗保护视角下传统武术文化传承与发展的现状

一、非遗保护视角下传统武术文化传承的主要方式

(一)以家族传承、师徒传承为主要形式的家庭传承

　　在传统武术的几千年传承历史中出现了多种传承方式,其中占主导地位的传承方式是家庭传承,这种传承方式产生了重要的作用与影响

力。家庭传承指的是在家庭范围内的传承，在家族或家庭中传授武术文化与技能，使后辈学习与继承武艺。家族传承不局限于建立在血缘关系基础上的家族传承，还拓展到了师徒传承，家族传承与师徒传承成为家庭传承的两个主要形式。家庭是一个以血缘关系为基础而形成的生活共同体，家族传承的基础与纽带是宗亲血缘，基本传承形式是像"父传子"这样的代代传承。长辈向后辈毫无保留地传授毕生所学。因为中国人对家庭、家族的凝聚力、伦理关系是极为重视的，封闭的家庭传承因为以血缘为纽带而显得非常严格，这种传承方式的优势是可以进行"本源"传承的，但也存在传承面窄的弊端，对于后继无人的门派，其独特的武技可能会失传，从而造成严重的文化遗产损失。

师徒传承虽然不像家族传承那样以真正的血缘为纽带，但它也是一种模拟血缘的传承方式，正所谓"一日为师，终身为父"。师徒之间口传身授，弟子从师父那里对武术之道加以学习和继承。师父招徒，有着严格的选材要求，包括对身心素质、道德修养等内外综合素质的考察。但师徒传承也有弊端，有些师父在传授技艺时存有私心，担心弟子的水平超过自己，所以会有所保留，这将不利于传统武术的"本源"传承。

（二）以相同文化背景为纽带的群体传承

群体传承指的是传统武术由众多社会成员共同参与和传承，由社会群体推动传统武术持续发展。采用群体传承方式可以使传统武术文化以"群体记忆""民间记忆"的形式流传下来，共同传承某一传统武术形式或文化遗产的群体，他们的文化背景和生活环境是相同的，这个群体内形成了强烈的一致的文化认同，这是他们协同传承某一武术内容的基础与前提。群体性传承是从个体性传承演变而来的，群体性传承方式的出现使传统武术的精髓得到了更好的保留与传承，使传承方式更加科学、丰富。

在采用群体传承方式而进行传承的传统武术项目中，最典型的当属太极拳，群体共同参与传承从根本上推动了太极拳的传承与发展。

（三）以班级授课制为新态势的学校传承

西方竞技体育文化进入我国后冲击了传统武术传承的自然环境，对此要寻求更多更恰当的平台去传承传统武术，学校不失为一个很好的传承平台。学校传承不仅有利于传承传统武术,还有利于面向年轻一代而对优秀传承人进行挖掘与培养,缓解传统武术传承人青黄不接的现状。学校开设传统武术课程,以教育的方式传播与弘扬传统武术文化,促进校园武术文化的繁荣发展,对促进我国传统武术的连续传承与可持续发展具有重要的意义。

二、非遗保护视角下传统武术文化传承与发展的困境

(一)传统武术文化自身存在弊端

传统武术在漫长的发展历史中形成了独具特色的武术文化,在几千年的传承中,传统武术流派众多,纷繁复杂,五花八门的套路更是令人眼花缭乱。而且不同地区与民族之间存在文化差异,所以在传统武术传承中不同民族或地区对武术套路、拳种形成了不同的认识与理解,其中不乏错误的、片面的、歪曲的认识与理解。如果不及时纠正,长此以往,人民群众对传统武术的认识可能会背离传统武术的本质。而且在西方文化的影响下,可能会有人将传统武术改得面目全非,完全看不到传统武术最本质的文化精髓。

(二)传统武术非遗类别归属与实际不符

传统武术非物质文化遗产项目如太极拳、武当武术、少林功夫等在非物质文化遗产名录中被列入"杂技和竞技"类。这样归类其实是不合理的。虽然传统武术有竞技性,但强身健体才是传统武术的第一功能,是我们重点挖掘、宣传和推广的功能之一,简单地将传统武术归入"杂技和竞技"一类,说明缺乏对传统武术历史文化内涵的正确认识。

以少林功夫为例,这一武术项目以僧人演练形式为主,若将其归入竞技类,则与其本质和标准是不符的。可量化是竞技项目的重要特点之一,但我们无法量化少林功夫中蕴含的禅宗智慧。不符合实际的非遗类别归属不利于我们更好地传承传统武术。

(三)传统武术理论研究不足

新中国成立以来,我国越来越重视竞技武术的发展,而学术界对传

统武术的研究较之前减少,这就造成了传统武术在民间自发传承的状态。传统武术在民间的传承以口传身授为主,但传承人的认识水平有限,因而传承效果并不理想,而且传承人也缺乏足够的学识与能力去进行传统武术的创新研究,造成了传统武术科研水平落后的局面。在缺乏科学理论指导的情况下进行传统武术传承很难取得良好的效果,也使得传承过程中出现很多问题与偏差。传统武术的传承环境存在重技术轻理论的弊端,而且传承中缺乏创新,从而对传统武术的发展造成了严重的制约。

(四)传统武术传承人青黄不接

任何活动都是由人所创造并传承的,都是以人为主体的。传统武术传承的形式主要是口传身授,而口传身授的主体是人,人是传统武术文化的承载者,在传承武术技能的同时也传承着其中蕴含的传统文化。传统武术的传播、传承都是以人为主体,武术非遗传承的根本在于人。在传统武术非遗传承中人掌握着最高话语权。

随着社会环境的不断变化,传统武术的生存环境与条件渐渐发生了变化,一些原本适合传统武术生存的环境与条件遭到了破坏,导致一些习武者不得不从武术行业转到其他行业,武术不再是他们谋生的手段。此外,现在很多人尤其是年轻人对传统武术的认识模糊,也缺乏兴趣,在习武过程中缺乏毅力,再加上对传统武术传承人的保护没有受到政府和社会的重视,导致传统武术的传承后继无人,青黄不接,现有的传承人大都是高龄老年人,将来随着这些老年传承者的逝世,传统武术中一些拳种也可能会消失,从而使传统武术的传承与发展之路被阻断。

(五)传统武术非遗申报的审核与评价不完善

传承与保护非物质文化遗产的工作本身就是长期而复杂的,国家为了使传承与保护工作能够统一协调,便成立行政评价机构、专业评价机构来严格把关。

行政评价机构对非遗保护的相关制度予以制定,其中包括联席会议制度,出席联席会议的部门有建设部、文化部、财政部、教育部、国家民委、发展改革委、旅游局、文物局和宗教局等,但国家体育总局不在其列,这说明政府部门尚未正确认识传统武术非遗项目的真正归属,这无疑使传统武术非遗申报的工作难度加大了,对此我们应进一步完善行政评价机构及其相关制度。

专业评价机构由众多学者和专家指出,他们在文艺、民俗、艺术等领域都有较深的造诣,做出过突出的贡献,创造出科学而丰富的研究成果,但这些学者与专家对传统武术的研究较少,也不明确传统武术非遗的真正分类与归属,因此在传统武术非遗申报的审核与评价方面也存在很多不规范的问题。由于专业评价机构中缺少体育专家和学者,因此人们无法理解"传统武术属于体育,但又高于体育"的真正内涵,给审核与评价带来了难题。对此,进一步优化专业评价机构的内部结构也很重要且必要。

第二节　非遗保护视角下传统武术文化传承与发展的影响因素

一、影响传统武术文化传承与发展的内部因素

(一)传统武术门派众多,不易被接受

我国地域辽阔,人口众多,各民族与各地区的地理环境、历史文化、风俗习惯、经济水平等各方面的不同造就了传统武术的众多流派,传统武术拳种多样,枝繁叶茂,深不可测。有的传统武术项目在大的流派下面又有不同的支派,如太极拳有陈氏、杨氏、吴氏、武氏、孙氏等流派。由于传统武术流派众多,拳术和器械项目种类庞杂,即使是同一种拳术或器械项目,在不同门派也存在招式差异,这就增加了对传统武术进行规范化整理的难度,也加大了传承的难度。

传统武术中的门派、拳法五花八门、难以尽数,所以在走出国门的时候存在一些问题。武术在国外常被称作"功夫",如果给外国人讲武术包含少林拳、太极拳、八卦掌、形意拳、南拳、咏春拳等内容,肯定会使他们头晕,而且武术走出国门还存在翻译与沟通上的问题,没有接触过武术的译者即使费了很大的口舌也很难说明白拳术称谓,而且现在我国武术界内鲜少有专业的翻译书籍和专业人才,因此传统武术在言传身授和走

出国门的过程中难免出现偏差。

(二)传统武术理论体系尚不完善

武术理论落后于技术实践的现实状况是由长期的社会和历史原因造成的。传统武术理论研究不足是影响其可持续发展的重要因素。任何体育项目的发展都应具有相对独立的理论体系,西方体育运动项目由于有完善的科学理论体系,因此才得以流行,发展成全球体育,并将西方体育文化传播到世界各地。因此,加强传统武术理论研究迫在眉睫,研究方向应包含基础知识、动作技术、应用实践等多个方面。有关专家与学者应加强对传统武术理论方面的分析与整理、改进和创新。[①]

二、影响传统武术文化传承与发展的外部因素

(一)传统武术生存环境发生变化

21世纪,传统武术的生存环境发生了巨大的改变,传统武术原始的生存场所已不再存在,传统武术的发展总体上落后于社会发展。现阶段,我国人民群众的价值观念、思维方式、生活节奏、生活方式等较之前都发生了很大的变化,现代化社会发展速度越来越快,人们的生活节奏也越来越快,传统武术作为封闭文化环境下的产物已经不能完全适应现代人的生活,简单、清晰、快速的体育运动逐渐成为主流。这也正是传统武术传承与发展中遇到的主要难题。

奥林匹克运动的发展使得西方体育文化在全球传播和普及,西方国家也企图创造以西方体育为主的体育世界。在这种大环境下,我国采取削足适履的方法来传承武术,并大力发展竞技武术,使之符合西方思维方式,接近西方竞技体育形式,而原汁原味的传统武术则受到忽视,基本处于自生自灭的状态。

(二)传统武术传授方式与现代教育模式存在矛盾

随着现代社会的发展,人们开始重新对旧时保守的传统文化加以审

---

① 石文颜."非遗"视角下传统武术传承与发展研究[J]. 武术研究,2020,5(03):16-18+23.

视。现代人追求高效率、快节奏的生活,传统武术在传承思维和传授方式等方面显然与这个社会格格不入。在现代教育条件下,在以班级教育为主的教育方式下,知识和技能的传播效率高于传统武术"口传身授"的传授方式,这是传统武术传授方式与现代教育模式存在矛盾与不协调的地方。传统武术的师徒口传身授方式虽然促进了拳种的独立发展,但也限制了传统武术的广泛传播,导致了许多拳种失传。

(三)传统武术在商业化发展中逐渐变味

改革开放以来,随着经济的发展与社会的变迁,传统武术也逐渐进入市场流通。传统武术在促进人类健康和养生方面具有得天独厚的优势,其健身功能更优于西方体育项目,所以传统武术在今天理应具有一定的市场。但传统武术进入市场化走商业发展之路后也出现了很多问题,一些有习武经历但没有造诣的人,花重金拜武术名师、大师为师,成为某某大师的入室弟子,从而打着名门名派传人的旗号到处开馆、办班、办企业等,以招收大量学员,获得经济利益。这些人打着武术名人弟子、传人的幌子在社会上传播武术,有损传统武术的形象。另外,一些传统武术非遗传承人在国家的一系列政策保护和宣传下有了一定的知名度,从而在传统武术市场进行开发经营活动,成立武术公司,使传统武术成为付费即得的"批发商品"。同时在市场经济中的商业利益驱动下,这些"名人"忙于经营公司,没有时间和精力追求精湛武艺,也忽视了武术传承,这无疑影响了传统武术技艺的提高与发展。①

第三节 非遗保护视角下传统武术 文化的知识产权保护

对传统武术传承者的知识产权进行保护是传统武术传承的首要任务。一些武术流派以家庭传承为主,传内不传外,甚至传男不传女,这种传承方式类似于民间专利的保护。当前,传统武术的生存环境恶化,其

---

① 虞定海,牛爱军.中国武术传承研究——非物质文化遗产视角[M].北京:人民体育出版社,2010.

传承遇到严重危机,对此我们要提倡与强调保护传统武术的知识产权,并对传承者及从业者的权利予以保护,使相关人员更积极主动地从事武术传承工作。

一、传统武术知识产权保护的主体

传统武术的拥有者可以是个人,也可以是群体,如个人(一般是传承人)掌握某个拳种的技能;群体中某些成员或所有成员共同学习某个武术流派的拳种等,如很多人掌握了太极拳技能。既然传统武术的拥有者可以是个人,也可以是群体,那么保护传统武术是个人的权利还是群体的权利,这个问题值得研究与讨论。

那些在传统武术传承与发展中付出了创造性劳动的人往往会受到法律保护,而知识产权制度为此提供了保障。但传统武术非物质文化遗产具有传统性、历史性、长期性和活态性,世代传承,所以要对最初的、真实的创造者加以确定是有很大难度的。

一般来说,自然人才是知识产权的主体,但具有区域性、民族性等特征的传统武术非遗的具体创造者是谁,保存者是谁,这是很难进行唯一性确定的,如果可以将创造者或保存者真正确定下来,那么权利主体也就可以确定了。

当确定传统武术非遗的创造者或保存者是某个具体的自然人时,那么这个人也就可以确定为权利人。例如,如果某个拳种的传承者对新的技击方法和演练套路进行了创造,那么其就是受知识产权法保护的著作权人;如果传承者只是传承了原来的技能和文化,没有做其他创造性活动,那么其作为文化传承者享有与著作权有关的权利,即邻接权。

传统武术非遗世代流派,经过了几千年的演进,已经很难准确地对真正的创造与保存者进行确定了,再加上某些流派或拳种并不是归个人所有,而是归群体共有,就又增加了确定的难度。如果不能确定是具体的某个自然人创造了某个武术非遗项目时,就将掌握该项目的整个群体或群体中的某些成员确定为权利人。例如,新会区蔡李佛拳门派共同保存了新会蔡李佛拳,该门派的人员都可以是权利人。

二、传统武术知识产权保护的客体

从非遗的性质及保护规律来看,传统武术非遗知识产权保护的客体包括下列三个方面。

(一)物质载体保护

传统武术非遗以直观的形象展示在大众面前时,其所依托的载体主要是武术相关实物、工具等。我们可以运用适用于有形财产保护的民法中的物权制度来保护这些实物、工具,如所有权、他物权等。

在传统武术非遗中,某些武术项目的器材工具需要用特定工艺进行制作,对此,我们可以用知识产权和物权制度来保护这类珍贵的武术工具、实物。

(二)演练形式保护

不同的传统武术项目都有自己独特的演练形式,我们在传统武术传承与保护中,要尽可能将传承项目的所有演练形式明确下来,如果该项目被列入非遗名录,那么就要将该项目传承者所掌握的技能动作和演练形式以文字的方式记录下来并编制成册,然后规定以正规的渠道向下一代进行关于该项目技能与文化的"本真传承"。传统武术非遗中最有价值的内容当属其独特的技能了,这也是知识产权保护的重点。传统武术非遗传承者有权通过办班传授技能、编写或制作相关书籍和音像制品等方式来获取收入。但在市场经济环境下要遵循市场规律,遵守市场规则。

(三)相关仪式保护

传统武术包含的内容非常丰富,除了本身的器材实物、门派种类、技能演练方法、理论体系外,还包括相关的历史典故、传承习惯、礼节仪式以及名人轶事等,要保持这些内容的鲜活状态,就要进行口传身授。传统武术的外在表现形式与其相关典故、礼节、仪式、轶事等共同构成了特有的传统武术"文化空间"和"文化场所"。武术相关仪式是武术文化空间中不可缺少的重要因素,为传统武术的传承与保护营造了浓郁的历史文化氛围,因此其也是传统体育知识产权保护的重要客体之一。

三、知识产权制度对传统武术非遗的保护

(一)著作权保护

在传统武术传承与发展中创造了大量的新理论、新技法和新套路,我们可以直接用著作权来保护这些创造者(著作权人)。有些人虽然没有直接创造新的武术理论、技法和套路,但是在武术作品的整理、翻译、注释等方面做出了大量的贡献,他们是武术作品的演绎者,因而也享有著作权并受到保护。另外,传统武术内容数据库为传统武术作品的创作提供了重要的素材,因此其也受到著作权保护。传统武术有创造者,也有表演者,表演者虽然没有直接参与最开始的创作,但其以表演的形式传承了武术文化,因而受到著作权相关权利(如表演者权等)的保护。

(二)地理标志保护

传统武术具有经济价值,要充分发挥这一价值,促进其文化影响力的扩大和市场竞争力的提升,就要将地理标志充分运用起来。传统武术的标志基本属于特定群体,因此梁山武术、峨眉武术等由法人或相关组织注册的地理标志是不能转让的。

(三)商标保护

传统武术有自身的识别性标志,可利用商标保护的方式来保护这些标志。传统武术各门派以协会、组织或团体的名义进行集体商标的注册,为本门派成员开展相关活动提供便利,并以商标的方式来向外界展示本门派武术活动的规格与质量,树立本门派的品牌,提升专业服务质量。

（四）商业秘密保护

运用专利保护传统武术在技术上存在许多障碍,而且程序复杂,成本较高,相比而言,运用商业秘密保护传统武术的可行性更强。对有传承价值但尚未进入公有领域的传统武术可采用保密的方法予以保护。例如,某些门派武术的练习方法和应用方法,某些武术器械的制作方法,武术练习中涉及的炮制技术等。在武术相关信息被少数群体所掌握的情况下,秘密的持有者在相关情况下必须采取必要的措施来保护秘密,并根据反不正当竞争规则防止秘密泄露。①

第四节　非遗保护视角下传统武术文化传承与发展的策略

一、坚持"以人为本",进行活态传承

传统武术的保护与传承受到武术界有关专家与学者的高度关注,但如何保护与传承是当前武术界讨论的一个热点。传统武术是一种身体文化形态,是主要通过身体活动形式而表现和保存的中华民族传统文化。传统武术传承中必须通过外在的身体姿态和内在的气韵来表达其深厚的文化内涵,也就是说武术内在和外在的传承都需要"人"这一载体进行活态传承,若离开人,传统武术非遗就成了无源之水,无本之木,不可能传承与发展。传承武术从"无"至"有"以及世代留存始终离不开"人"这一主体对它的不断创新与"原生态"传承,传统武术历经五千多年的历史而延续至今,根本上离不开传承人代代相传和武术人长期不懈的坚持与信任。因此,传统武术应以人为载体进行活态传承,从而保持传统武术的历史性、地域性、民族性与时代性。培养传承人是促进传统武

---

①　虞定海,牛爱军.中国武术传承研究——非物质文化遗产视角[M].北京:人民体育出版社,2010.

术传承与保护最有效的举措,只有保证武术传承者是延续性,避免传承人断层,才能使传统武术文化的薪火源源不断、生生不息。[①]

二、提升传统武术的文化软实力

中国传统武术文化是中华民族文化软实力的重要组成部分,但其当下所呈现出的被动发展趋势不利于其可持续发展。传统武术经过几千年的流传依然生生不息,与其所蕴含的深厚的文化底蕴是密不可分的。只有了解其渊源,才能从根本上准确把握传统武术核心文化,才能真正有效继承传统武术并将其弘扬世界。正确思想是行动的先导,科学理论能够有效指导实践。只有批判性地传承传统武术文化的优秀内容,舍弃糟粕因素,不断提高其文化软实力,才能为传统武术的可持续发展提供保障。

三、民间传承与学校传承相结合

中国传统文化、技艺的民间传承方式主要包括家族传承、师徒传承两种。传统武术是一种非物质的、无形的文化,其传承以"口传心授"方式为主,但采用这种传承方式时,需要经历很长的时间才能保证传统武术传承的整体性。尽管民间传承都能保持各个武术门派和拳种的独特性,但也使传承人的数量和传承范围受到了一定程度的限制,对传统武术的大众化传播造成了制约,导致部分拳种发展空间有限,处于濒危状态,存在消失的风险,这也整体上限制了传统武术的发展格局。鉴于民间传承的局限性,应采用学校传承的方式来弥补这些缺陷,将民间传承与学校传承有机结合起来。

教育作为人类文化延续、传承的重要载体,对传承与保护传统武术具有极其重要的作用。学校是教育的主阵地,是教育的重要载体,学校传承具有开放性,以集体授课的形式进行武术教育与传播,效率较高,这种传承模式有利于促进传统武术的普及化。

---

① 马永通.非遗视角下传统武术的传承与发展[J].体育科技,2020,41(03):88-89.

传承传统武术应将民间传承和学校传承结合起来,发挥各自的优势与积极作用。对此,不同武术门派的传承人要发挥积极主动性,向学校推广本门派的拳种,武术学者和研究人员也要积极配合,与传承人共同努力,促进传统武术在学校的传承与发展。①

四、保护传统武术传承人

传统武术非遗整体上而言是抽象的,要使人们对传统武术的魅力有切实的感受,提升公众对传统武术的认知能力,使传统武术精神得到更好的弘扬,就必须进行外在的技艺展示与表达,而这又必须依赖传承人。传承人在传统武术非遗传承与保护中所发挥的作用至关重要、无可替代,因此要全力保护传承人,尤其要保护他们的地位,保障其基本生活。

(一)对传承人地位的保护

保护传统武术传承人,首先要保护其地位,培养其能力,这方面要做好下列工作。

(1)依据传承人的技艺水平及其社会贡献而对其进行层次划分,分层培养传承人,并进行分层考核。

(2)对传统武术传承人的等级标准进行制定,获得一定等级的传承人是由专业机构所认证的。

(3)对传承人的传承工作程序做详细的规定,并为传承人顺利开展工作提供物质支持与保障。

(二)对传承人基本生活的保障

传统武术的传承者中有很多年迈的老人,他们基本没有了工作能力,生活较为困难,对于这类传承人,要给予必要的生活补贴,使其基本生活需求得到保障。传承人只有基本生活有了保障,才有时间与精力去从事武术相关工作。对于有突出贡献的代表性传承人,除了要保障其基

---

① 石文颜."非遗"视角下传统武术传承与发展研究[J]. 武术研究,2020,5(03):16-18+23.

本生活外,还要授予荣誉,对其起到的重要价值和做出的重要贡献给予肯定和奖励,从而促进传承者使命感和责任感的增强,并激励其继续努力完成传承使命。

五、构建武术传承与发展机制

起源于中华民族传统文化的传统武术融合了多元文化学科的思想观念,包括人类学、哲学、美学等,蕴含着丰富的文化内涵,具有重要的历史价值与文化价值。传统武术历经五千多年的历史演进而发展至今,在漫长的传承与发展历史中逐渐形成了自身独特的发展模式与传承机制,从而使武术的印记烙在每个时代人们的心中,使武术的生命力不断增强,生生不息。传承与保护传统武术以及弘扬传统武术文化,都需要群体的认同和国家的扶持。在文化全球化背景下,西方文化涌入我国一定程度上冲击了我国传统武术文化,导致中华武术的一些拳种失去原本的民族色彩,甚至因保护不当而濒临消失。面对这一严峻的现状,必须采取措施来帮助传统武术走出困境,实现更好的传承与发展。而立足传统武术传承与发展现状而构建武术传承与发展机制便是一个非常有效的举措。

首先,地方政府要高度重视本地传统武术的传承与保护,并对相关工作的开展给予大力扶持。政府部门要投入一定的财力和物力资源来兴建武术基础设施,从而使传统武术真正走进社区,走进乡镇,走进基层人民群众的生活中。

其次,鼓励社会大众积极参与传统武术的传承与保护工作,运用集体的力量而保证武术非遗的完整与系统传承,在传承的基础上促进传统武术的现代化发展,如生活化、产业化等,尤其要高度重视武术产业化发展,进一步务实武术产业基础,扩大产业规模,增强产业竞争力,拉动市场消费,使传统武术与现代人的生活紧密结合。

最后,对传统武术的传承与保护机制进一步加以完善,通过必要的激励政策来吸引更多的人习武,使武术爱好者在武术行业中发挥自己的能量和影响力,自觉承担与履行武术传承的重任。

第五节 舞龙、舞狮的传承与发展

一、舞龙的传承与发展

"舞龙"是中华民族传统体育娱乐活动,是中华民族传统文化的重要内容,其发展历史悠久,内容丰富,风格独特,深受人们的欢迎和喜爱。每逢佳节、盛会,广场和街头有人舞起龙灯,营造喜庆的氛围。舞龙者在龙珠的引导下,手持龙具,随着音乐伴奏,通过人体运动和姿势的变化完成龙的游、穿、腾、跃、翻、滚、戏、缠、组图造型等动作和套式,充分展示了龙的精、气、神、韵等,舞龙运动充分反映了中华民族的坚强品质。传承舞龙文化对保护民族传统体育非遗及弘扬民族传统文化具有重要意义。

下面简单分析舞龙文化传承与发展的策略。

(一)挖掘舞龙的文化内涵

传承舞龙文化,要重视舞龙技术动作的演变及创新发展,在创新的同时充分挖掘舞龙运动的丰富文化内涵。舞龙是中华民族优秀的传统文化,与西方竞技体育存在较大差异,因此不能盲目对其进行竞技化改造,而要根据本民族的文化特色加以调整和改变,保留舞龙文化的内涵。

(二)整理民间舞龙文化

在现代社会背景下,我们应深入挖掘与科学整理民间舞龙文化,促进舞龙文化与现代社会的交流,适当组织舞龙比赛等,旨在加强各地舞龙文化的交流,弘扬舞龙文化。在市场经济条件下发展舞龙文化,应与市场经济相结合,发挥舞龙运动的经济价值,同时还要重视舞龙套路编排的创新,促进舞龙文化的多元化和创造性发展。

(三)加强舞龙文化的创新

舞龙历史悠久,舞龙文化的传承与发展应根植于传统文化之中,但随着现代社会环境的不断变化,我们也应立足创新视角而进行舞龙文化的传承与发展。创新是舞龙现代化发展的重要保证,我们要正确认识传统舞龙文化与现代社会发展的互动关系,在保留舞龙传统文化特色的前提下通过创新而促进其现代化发展,适应现代社会的需求。

(四)推动国际化发展

要想促进舞龙文化在新时期的发展,加强舞龙文化的国际化推广与交流显得尤为必要。像跆拳道和空手道在世界上的成功推广就得益于其文化扩张的影响,并且跆拳道和空手道等都有一套完整的商业运作体系,我们的舞龙文化也应效仿这一途径,依靠政府的帮助和保护来获得发展。除此之外,舞龙运动研究者和工作者也应顺应社会主义现代化发展的潮流,提升现代商业意识,促进我国舞龙文化的现代传承与发展。[①]

二、舞狮的传承与发展

舞狮是中华民族的传统民间艺术,是风格独特的民族传统体育运动。舞狮运动的影响力很大,每逢春节和元宵,世界各地的中国人都要表演或观赏精彩的舞狮节目,以表达美好的祝福。舞狮有南北两种风格。北派舞狮以表演"武狮"为主,小狮一人舞,大狮由双人舞,一人站立舞狮头,一人弯腰舞狮身和狮尾。舞狮人全身披包狮被,下穿和狮身相同毛色的绿狮裤和金爪蹄靴,人们无法辨认舞狮人的形体,它的外形和真狮非常相似。引狮人以古代武士装扮,手握旋转绣球,配以京锣、鼓钹、逗引瑞狮。狮子在"狮子郎"的引导下,表演腾翻、扑跌、跳跃、登高、朝拜等技巧。南派舞狮以表演"文狮"为主,表演时注重表情,有搔痒、抖毛、舔毛等动作,惟妙惟肖。南狮虽也是双人舞,但舞狮人下穿灯笼裤,上面仅披着一块彩色的狮被而舞。和北狮不同的是"狮子郎"头戴大头佛面具,身穿长袍,腰束彩带,手握葵扇而逗引狮子,以此完成各种招式,非常滑稽、有趣,深受大众的欢迎和喜爱。[②]

---

①　田玲玲,王清. 我国民族传统体育文化的传承与发展研究[M]. 北京:中国水利水电出版社,2018.

②　刘长立. 文化生态视野下舞龙舞狮运动的传承与发展[D]. 山东体育学院,2015.

舞狮是中华民族传统体育非遗的重要组成部分,在非遗保护视角下传承与发展舞狮文化具有重要意义。下面简单分析舞狮传承与发展的策略。

(一)以政府为主导,深入挖掘舞狮文化内涵

舞狮文化是中华民族优秀的传统文化财富,加强舞狮文化的传承与发展对弘扬我国传统文化具有重要价值和作用。在舞狮文化的传承与发展中,体育局、文化局等有关部门应深入挖掘舞狮文化的深厚底蕴,有序整理舞狮文化遗产,政府部门还要加大资金、人力等方面的投入力度来推动舞狮发展,同时制定保护舞狮文化的法律法规,进一步保障舞狮文化的传承与发展。

(二)定期组织舞狮赛事

舞狮是传统民间艺术,在漫长的发展历史中深深扎根于群众,深受群众欢迎和喜爱。随着人民生活水平的提高及余暇时间的增多,健身锻炼成为人们的休闲生活方式之一,而舞狮恰好具有突出的健身娱乐价值,其作为一种健康休闲、调节身心的运动方式,能有效增强人的体质、娱乐人的心理、陶冶人的情操,丰富群众的精神文化生活,因而被广大人民群众所接受。在现代社会背景下,我们应根据各地条件而举办各种形式的舞狮大赛,吸引越来越多的人参与这项运动,在弘扬舞狮文化的同时也为舞狮队提供了交流技艺的平台,这对于进一步传承与提升舞狮技能非常重要。

(三)在高校中传承舞狮文化

学校一直以来都是民族传统文化传承的重要阵地,传承舞狮文化要充分利用学校这一平台来提高传播效率与传承效果。高校校园文化非常丰富,将舞狮文化引进丰富多彩的高校校园文化体系中对推动舞狮文化的弘扬与传播具有重要意义。

高校基础设施完善,人力资源丰富,这为开设舞狮课程提供了良好的条件。高校可以邀请民间舞狮艺人来授课,丰富学生的见识,使学生深刻掌握舞狮文化的内涵,这样既能促进高校传统体育教学的发展,又能发挥民间艺人的价值,弘扬与传播舞狮文化。

第六节　毽球、木球的传承与发展

一、毽球的传承与发展

毽球运动孕育于中国传统文化中,拥有悠久的发展历史。古代的踢毽子在汉代时期最早出现,盛行于隋唐时期。毽球运动随着不断的演进,出现了多种多样的踢毽子形式,动作花样越来越多,难度动作和技巧动作也有所增加,精彩的毽球表演让人眼花缭乱。

当前,作为民族传统体育非遗重要组成部分的毽球运动在推广和发展过程中面临一些困境,如大众认识不到位,缺少发展资金,缺乏专业毽球人才,民间活动缺乏组织性,毽球比赛活动较少,体育管理部门不够重视,等等。从这些现实问题出发,可从下列几方面使毽球运动走出困境,实现更好的传承与发展。

(一)在公共场所宣传和推广毽球运动

体育活动比较集中的场所有学校、社区和公园,将毽球运动引进这些场所可起到有效的宣传效果。在这些场所对毽球交流与比赛活动进行有组织的举办,鼓励学生和居民参与,为毽球爱好者提供切磋的平台,营造良好的运动氛围,能够提高大众对毽球运动的认识水平。此外,将毽球运动引进学校,可通过开设毽球课程,组建毽球社团或俱乐部,开展校园毽球比赛等方式来丰富学生对毽球的认知,提高学生对这项运动的兴趣,吸引更多的学生参与。

(二)举办毽球赛事

要让毽球运动被更多的人认识与参与,就要深入人民群众,多举办交流活动。毽球交流比赛是传播毽球文化的一个重要举措。由专门的体育组织举办或大众自发举办毽球赛事,充分发挥毽球运动的价值,使大众了解毽球文化,通过亲身参与或观赏而感受毽球的魅力。

(三)充分发挥现代传媒的作用

为扩大毽球运动的传播范围,提高传播效果,应将现代传播媒介如电视、广播、网络等充分利用起来,多报道一些和毽球运动有关的有价值的新闻,使毽球被更多的人关注。在宣传毽球运动的同时,还要挖掘毽球的传统文化内涵,传播民族传统体育文化。此外,毽球运动员、毽球研究者也要承担起传播毽球文化的重任。

二、木球的传承与发展

木球是中国少数民族传统体育项目,宁夏是木球运动的起源地,学术界认为宁夏泾源县回族"赶牛"游戏是木球运动的雏形。现代木球运动的传承是从 1982 年开始的,这一年,木球作为表演项目出现在第 2 届全国少数民族体育运动会上,被更多的人认识与了解。作为宁夏回族自治区级非遗保护项目,木球运动的传承与发展对继承中华民族的智慧与精神及提升体育文化软实力具有重要意义。

随着外来文化的传入及其对我国传统文化的持续冲击,我国民族传统体育的发展遭到严重的挫折,木球运动作为少数民族传统体育非遗长期流传于民间,若不及时保护与传承,则可能导致该项目失传。为了推动宁夏木球文化的传承与发展,我们应做好如下工作。

(一)建立与完善组织机构

传承与保护民族传统体育非遗,需要建立专门的组织机构。现阶段宁夏设立的相关组织机构有非物质文化管理中心、县市体育局非物质文化保护中心等,但这些机构运行过程中缺乏必要的联系。对此,建议体育局成立民族体育非遗保护中心,挖掘与整理当地木球文化,组织木球赛事,加强各方面的管理,并协调其他组织的工作,提高传承效果。

(二)合理安排赛事

我国每四年举办一次的全国少数民族体育运动会对推动民族传统

体育非遗的保护与传承具有重要意义。木球是全国少数民族体育运动会大家庭中的一员,也是宁夏全区少数民族运动会的重要项目之一。从这两个体育大会的举办时间来看,宁夏全区少数民族运动会在全国性运动会的前一年举行,这样的安排对宁夏参赛队的组建及集训是不利的,对宁夏代表团在全国民运会中的表现产生了不良影响。对此,应立足现实而调整赛事,合理安排赛事时间,使宁夏代表团在全国民运会上展示出高超的木球技能。

(三)开发木球校本课程

传承与保护民族传统体育非遗,要依托学校这个重要阵地。因此应将木球运动引进宁夏少数民族的学校中,充分利用学校的教育资源而开设木球课程,开展特色化木球教学,从而对宁夏回族自治区这一独具特色的非遗项目进行有效保护,并促进整个民族传统体育非遗的传承与保护。

第七节　秋千、风筝的传承与发展

一、秋千的传承与发展

秋千是中华少数民族传统体育项目的典型代表,是首批被列入国家级非遗名录的少数民族体育项目。不同民族对秋千运动的诠释与理解是有差异的,但从根本上来说,有两千多年发展历史的秋千运动是作为一项娱乐项目传承至今的。秋千运动多出现在庆祝丰收、相互取悦的场景中,营造了欢快愉悦的氛围。秋千运动体现了人们热爱生活、乐观向上的态度。秋千融合了诸多传统文化,营造了喜庆氛围,弘扬了少数民族文化,传承与发展秋千运动对弘扬与传承中华民族传统文化起着重要作用。

下面从三个方面来分析秋千的传承与发展策略。

(一)加强理论研究,为传承奠定基础

传承秋千文化,首先要进行相关理论研究,对该项目的深层文化内

涵与知识结构予以挖掘和整理,从而为保护与传承奠定基础。在秋千的理论研究中,要对其起源与发展、多种功能、文化特征、当代价值、现实应用等进行全方位系统研究,还要对比分析不同地区秋千运动的相同点和不同点,总结各地的传承与发展经验,建立符合地方实际的特色化传承与发展机制。

在秋千传承与发展的理论研究中,还要定期展示研究成果,公开研究信息,并进行书面论述,从而更好地宣传秋千文化,引起社会的关注,获得群体的支持。

(二)走竞技化发展之路

要实现民族传统体育的延续与发展,就要走科学化、普及化和规范化之路,而竞技化发展是实现科学化、规范化目标的一条重要出路。挖掘秋千运动的竞技特性与价值,举办秋千比赛,制定与完善秋千比赛规则,优化秋千基础设施条件,加强秋千竞赛管理,培养秋千运动员,使他们在全国少数民族运动会中展示秋千技能,将秋千运动传播到全国各地甚至是国外,提升秋千文化的影响力。

(三)数字化传承

随着信息技术的不断发展,数字化传承与保护方式逐渐成为非遗传承与保护的重要方式之一,用数字化手段传承与保护秋千运动能够取得良好的效果。数字化保护就是使用数字化技术将可移动的平面与立体信息、图像与符号信息、声音与颜色信息、文字与语义信息等表示成数字量,方便储存、再现和利用的一种科技保护手段。数字化保护要做到"有图有真相",因此需要广泛搜集和有序整理秋千项目发展的史料、珍贵视频、图片及文字资料,按年代来分类处理,建立网络数据库,分类存储这些资料,以便后期使用和完善,还可以把文字信息以电子文档格式进行存储,以便于查阅。总之,数字化传承与保护需要花大量时间和精力去完成一系列工作,如果运用得当,则可大大提高传承与保护效果。①

---

① 王亚南,王萍.非物质文化视野下新疆地区秋千体育项目的传承与保护[J].新疆教育学院学报,2015,31(03):99-103.

二、风筝的传承与发展

风筝是我国非常古老的一项民间民俗体育活动,在漫长的历史演进中,随着风筝技术的不断提高,风筝运动逐渐发展成一项竞技性民族体育运动。1986 年,我国试行《中华人民共和国风筝比赛规则》(首部风筝比赛规则),这促进了风筝运动的规范化发展,强化了风筝运动的竞技性和风筝比赛的组织性。1987 年,我国成立全国风筝协会,2002 年 5 月,《风筝竞赛规则与裁判法》由全国风筝协会正式审定发行。1984 年,山东潍坊举办了第 1 届潍坊国际风筝节,吸引了大量国内外游人观赏,促进了风筝文化在国内外的传播与传承,也向国外人民展现了中华民族的优秀传统体育文化。

随着社会经济的发展和城市化进程的加快,放风筝的人逐渐减少,现在制作风筝基本都是批量生产,原来专门制作风筝的手工艺人无人问津,从而导致风筝的制作工艺濒临失传。在非遗保护背景下,如何保护与传承风筝文化,使其适应现代社会需求是需要我们思考的一个重要问题。下面我们从三个方面提出当前社会背景下风筝的传承与发展建议。

(一)遵循风筝运动的自然发展规律

对风筝文化加以传承与保护,必须对该项目的基本发展规律予以遵循。风筝是一项将情、景、物融为一体的民间运动,有鲜明的主题、巧妙的构思,而且风格独特、民俗色彩浓厚。将风筝运动看作是一种独特的民族文化形式,将其引进校园、社区、广场,组织风筝交流活动和风筝比赛,在各种形式的活动中既要展示风筝技术,又要保留与传播风筝运动中蕴含的文化特色,从而满足人们的审美需求。

(二)注重数字化保护与传承

传统手工匠人掌握了精湛的风筝扎制工艺,但随着前辈逐渐老去,掌握传统风筝手工制作技能的匠人越来越少。对此,地方有关部门可向这些风筝传统手工匠人了解风筝的传统扎制方法、技巧,录制他们扎制风筝的过程,再对视频进行美化、配音、添加字幕等处理,最后将录制视频发布到平台,便于业余爱好者学习,提高人们对于风筝的关注度。

(三)加强创新,与世界接轨

我们在保护和传承风筝文化的同时,也要加强对该项目形式与内容的创新,以满足现代人的需求,得到世界人民的认可。潍坊国际风筝会于 2004 年 10 月被列入联合国教科文国际民间艺术组织 2005 年非物质文化遗产及民间艺术保护工程。这说明风筝运动的文化性得到了国际的认可。借此优势,我们应继续加大创新力度,开发世界性的风筝赛事,使中华传统风筝文化在世界各地传播,弘扬中华民族光辉灿烂的传统文化,提升民族文化自信。[1]

---

① 朱丽兰,郭磊,孙媛.非物质文化遗产——风筝的数字化保护与传承研究[J].商业文化,2021(03):40-41.

参考文献

[1]侍倩倩．江苏省体育"非遗"保护与传承研究[D]．南京体育学院,2019.

[2]何秋娥．非遗视角下大理地区白族传统体育发展现状与保护研究[D]．成都体育学院,2018.

[3]尹利清．非遗保护视角下山西传统体育发展现状及策略研究[D]．太原理工大学,2018.

[4]刘坚．云南省少数民族传统体育非物质文化遗产保护与传承研究[D]．北京体育大学,2012.

[5]符永新．非物质文化遗产视角下海南黎族传统体育文化保护与传承研究[D]．江西理工大学,2020.

[6]巩森森．大连市传统体育非物质文化遗产保护研究[D]．沈阳体育学院,2020.

[7]米永忠．非物质文化遗产视野下民族传统体育文化研究[D]．西南大学,2009.

[8]吴国松．非物质文化遗产视野下峒中壮族"跳天"民族传统体育文化的研究[D]．广西民族大学,2017.

[9]郑国华．社会转型与我国民族传统体育文化传承[D]．北京体育大学,2007.

[10]刘洋．体育非物质文化遗产保护的路径研究[M]．北京:北京体育大学出版社,2015.

[11]王智慧．我国民族传统体育文化本源、特征与传承方式研究[J]．西安体育学院学报,2015,32(01):75-81.

[12]谭达顺．新视角下中国民族传统体育文化内涵、历史发展与趋势的再研究[J]．黔西南民族师范高等专科学校学报,2008(01):62-67.

[13]李繁荣．民族传统体育文化及其传承研究[M]．济南:山东大

学出版社,2014.

[14]苏航.民族传统体育文化传承创新研究[M].南昌:江西科学技术出版社,2017.

[15]杨柳.体育类非物质文化遗产研究[M].北京:科学出版社,2016.

[16]刘少英.民族传统体育学[M].北京:民族出版社,2011.

[17]李繁荣.民族传统体育文化及其传承研究[M].济南:山东大学出版社,2014.

[18]孙昊亮,王静.论民族传统体育的非物质文化遗产保护[J].贵州师范大学学报(社会科学版),2009(05):58-62.

[19]戴庆辉,倪依克.民族传统体育非物质文化遗产传承人的价值提升[J].西安体育学院学报,2019,36(02):195-201.

[20]白杨.民族传统体育非物质文化遗产传承人保护研究[J].大舞台,2015(11):241-242.

[21]康娜娜,张志彬.我国民族传统体育非物质文化遗产传承人的法律地位[J].体育成人教育学刊,2013,29(01):19-21.

[22]韦李,殷晓辉.新形势下民族传统体育非物质文化遗产的法律保护[J].山东体育科技,2014,36(03):5-7.

[23]王卓.我国民族传统体育非物质文化遗产法律保护的路径选择[J].河北体育学院学报,2013,27(02):93-96.

[24]张春燕.我国民族传统体育非物质文化遗产法律保护现状与路径[J].武汉体育学院学报,2011,45(10):15-18.

[25]徐艳,于强国.民族传统体育非物质文化遗产的法律保护[J].武术研究,2016,1(10):103-106.

[26]刘雨,李欣.少数民族体育非物质文化遗产的数字化保护研究[J].西安体育学院学报,2019,36(04):469-473.

[27]王耀希.民族文化遗产数字化[M].北京:人民出版社,2009.

[28]王松华.非物质文化遗产保护与开发的经济学研究——基于上海弄堂文化的研究[M].成都:西南财经大学出版社,2009.

[29]陈永辉,白晋湘.非物质文化遗产保护视角下我国少数民族民俗体育文化资源开发[J].武汉体育学院学报,2009,43(03):75-80.

[30]王萍.困境中"回归":"非遗"视角下的民族传统体育文化开发研究[J].体育科技文献通报,2019,27(04):1-2+59.

[31]刘先军.非遗保护下少数民族传统体育的开发[J].贵州民族研究,2016,37(12):104-107.

[32]闫艺,何元春,廖建媚.文化生态学视域下少数民族传统体育文化资源开发模式研究——以新疆地区为例[J].广州体育学院学报,2020,40(06):62-68.

[33]黄文辉.体育非物质文化遗产资源与民族传统体育特色旅游融合开发研究——以湖南省为例[J].当代体育科技,2019,9(05):209-210.

[34]杜娟.桂北地区少数民族特色村寨体育非物质文化遗产旅游开发研究[D].桂林理工大学,2018.

[35]陈炜,陈能幸.西南地区少数民族体育非物质文化遗产开发研究——以抢花炮为例[J].桂林师范高等专科学校学报,2010,24(01):44-48.

[36]张小林,李菊花.湘鄂渝黔边地区民族传统体育文化创意开发案例研究——基于土家族"高脚马"项目的实证考察[J].大众文艺,2015(10):254-255.

[37]冉学东.民族传统体育可持续发展的思考[J].广州体育学院学报,2003(05):126-128.

[38]孙留中.对民族传统体育可持续发展的探讨[J].吕梁教育学院学报,2010,27(03):135-136.

[39]马永通.非遗视角下传统武术的传承与发展[J].体育科技,2020,41(03):88-89.

[40]石文颜."非遗"视角下传统武术传承与发展研究[J].武术研究,2020,5(03):16-18+23.

[41]虞定海,牛爱军.中国武术传承研究——非物质文化遗产视角[M].北京:人民体育出版社,2010.

[42]王琼,吴强,薛宇.非物质文化遗产视域下传统武术的现代化发展[M].北京:中国纺织出版社,2019.

[43]张强,马锦宗,晋慰.传统文化保护视阈下的毽球运动发展研究[J].体育研究与教育,2017,32(03):72-75.

[44]马兆明,刘宇泷.基于非物质文化遗产视角的宁夏木球项目传承研究[J].四川体育科学,2017,36(06):75-78.

[45]王亚南,王萍.非物质文化视野下新疆地区秋千体育项目的传

承与保护[J]. 新疆教育学院学报,2015,31(03):99-103.

[46]张凯,孙斌. 风筝运动的体育文化内涵与传承发展研究[J]. 当代体育科技,2018,8(27):198-199.

[47]朱丽兰,郭磊,孙媛. 非物质文化遗产——风筝的数字化保护与传承研究[J]. 商业文化,2021(03):40-41.

[48]田玲玲,王清. 我国民族传统体育文化的传承与发展研究[M].北京:中国水利水电出版社,2018.

[49]刘长立. 文化生态视野下舞龙舞狮运动的传承与发展[D]. 山东体育学院,2015.

[50]向云驹. 世界非物质文化遗产[M]. 银川:宁夏人民出版社,2006.

[51]蒋万来. 传承与秩序:我国非物质文化遗产保护的法律机制[M]. 北京:知识产权出版社,2016.

[52]王文章. 非物质文化遗产概论[M]. 北京:教育科学出版社,2013.

[53]邹珺. 民族非物质文化遗产保护与传承[M]长春:吉林大学出版社,2016.

[54]贾建伟. 非物质文化遗产保护视野下的渝东南地区民族传统体育课程资源开发与利用[D]. 西南大学,2010.